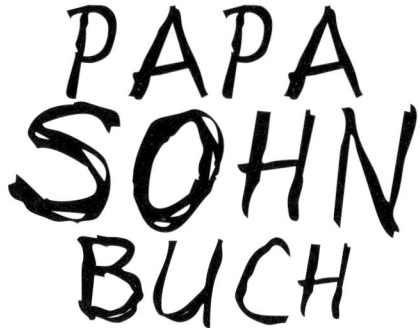

PAPA SOHN BUCH

Und was machen wir jetzt?
Super Ideen für tolle Väter

Uschi Dyballa

compact via ist ein Imprint der Compact Verlag GmbH

© 2011 Compact Verlag GmbH München

Text: Uschi Dyballa
Chefredaktion: Evelyn Boos
Redaktion: Heike Fröhlich, Tanja Greiner
Produktion: Johannes Buchmann
Abbildungen: siehe Bildnachweis S. 128
Titelabbildungen: fotolia.com/Iva Villi
Gestaltung: ekh Werbeagentur GbR
Umschlaggestaltung: h3a GmbH, München

ISBN 978-3-8174-8574-1
381748574/1

www.compact-via.de

VORWORT

„Wir haben einen Kompass gebaut, Cocktails gemixt und eine Schatzsuche veranstaltet. Papa ist der Coolste!"

Dieses Buch hält eine Menge origineller Ideen und Vorschläge parat, wie Sie zum Superpapa werden können! Ob im Haus, im Garten oder in der freien Natur – überall finden sich Gelegenheiten, um die gemeinsame Zeit fantasievoll und kreativ zu gestalten. Sorgen Sie für leuchtende Augen und Begeisterungsstürme bei Ihrem Sohn!

Alle Vorschläge kommen ohne großen Materialaufwand aus und setzen keine besonderen handwerklichen Fertigkeiten voraus. Falls Ihr Kind für manche Ideen noch zu klein ist, können Sie natürlich jeden Vorschlag abwandeln. Auch die Mama darf mal in dem Buch stöbern und sich Anregungen holen. Ihrer Tochter wird vielleicht ebenfalls die ein oder andere Idee gefallen. Sogar Oma und Opa finden sicherlich das Passende für den Sonntagnachmittag.

Hauptsache, alle Beteiligten haben Spaß, Freude und genießen das harmonische Beisammensein!

PAPA ALS ...

PAPA ALS KÜNSTLER UND HANDWERKER

PAPA VOR, NOCH EIN TOR

Das braucht ihr: 2 gleich lange Kanthölzer für die Pfosten, 1 längeres Kantholz für die Querlatte, 2 abgeschrägte Kanthölzer für die Abstützung, Bohrmaschine, Holzschrauben, 2 Knotenbleche, 2–4 Winkelbleche, 4 lange Heringshaken, großes Netz oder Plane, Tacker, Schere, Kabelbinder

Wo immer es einen Ball zum Kicken gibt, werden auch Männer schnell wieder zu großen Jungs. Ein eigenes Fußballtor im Garten erfreut sowohl Vater als auch Sohn. Auch wenn Sie, lieber Papa, diesen Vorschlag mit Begeisterung umsetzen wollen, denken Sie bei der Planung daran, dass Ihr Sohn

noch nicht in der Bundesliga spielt und auch nicht so lange warten will, bis das Tor fertig ist! Bauen Sie deshalb gemeinsam mit Ihrem Junior diese einfache, aber schnell umsetzbare Variante für einen baldigen Spielbeginn!

Ein Außenmaß von 1,60 Metern Höhe und 2,50 Metern Breite ist völlig ausreichend und hat den Vorteil, dass das Tor auch leicht weggeräumt werden kann. Richtet euch mit euren konkreten Maßen nach dem vorhandenen Platzangebot. Je größer die mögliche Spielfläche ist, desto größer kann auch das Tor werden.

Nachdem ihr den Standort für euer Fußballtor festgelegt habt, breitet ihr die eingekauften Materialien auf dem Rasen aus. Die beiden gleich langen Kanthölzer bilden die beiden Torpfosten, das längere Kantholz die obere Latte. Diese drei Teile verschraubt ihr mithilfe der Winkel- oder Knotenbleche im rechten Winkel miteinander.

Für die hintere Abstützung werden die zwei abgeschrägten Kanthölzer verwendet. Um sie sicher zu befestigen, legt ihr sie mit einer der schrägen Seiten an die Torpfosten an. Nun bohrt ihr waagerecht zum Torpfosten ein Loch bis in die Mitte der Abstützpfosten.

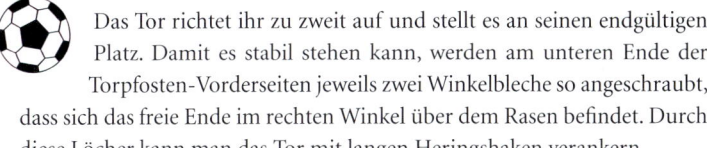

Der Bohrer sollte ein bis zwei Nummern kleiner sein als eure Befestigungsschrauben. Dadurch haben die Schrauben größeren Halt und bieten dem Tor mehr Stabilität. Die Schraubköpfe sollten versenkt werden. Wer möchte, kann die Stabilität mit angeschraubten Winkelblechen noch verstärken.

Das Tor richtet ihr zu zweit auf und stellt es an seinen endgültigen Platz. Damit es stabil stehen kann, werden am unteren Ende der Torpfosten-Vorderseiten jeweils zwei Winkelbleche so angeschraubt, dass sich das freie Ende im rechten Winkel über dem Rasen befindet. Durch diese Löcher kann man das Tor mit langen Heringshaken verankern.

Jetzt ist wieder Teamwork gefragt, denn beim Antackern des Netzes wird jede helfende Hand gebraucht! Wenn ihr kein Netz habt, verwendet stattdessen stärkere Planenfolie.

Wollt ihr das Tor noch aufpeppen, schneidet aus Folie ein Rechteck in der Größe eures Tores aus. Mithilfe einer Kreisschablone aus Papier wird daraus eine Torwand gebastelt, die ihr mit langen Kabelbindern an Pfosten und Latte befestigt.

Alles bereit für den Anpfiff? Dann kann das Spiel beginnen! Junior vor, noch ein Tooor!

PIRATENFLOSS

Das braucht ihr: möglichst gleich dicke Äste (ca. 1–2 cm Durchmesser), Gartenschere, Schnur, Tonpapier, Schere, schwarzen Filzstift, Spielfiguren als Piratenmännchen

Das Piratenschiff ist während der Seeschlacht von Kanonen beschossen und versenkt worden. Während ein Teil der Piraten gefangen genommen wurde, konnten sich einige schwimmend auf eine kleine Insel retten. Aber welch ein Schreck am nächsten Morgen! Die Insel ist unbewohnt, es gibt keine Nahrung! Den Seeräubern ist klar, dass sie ein Floß brauchen, um von der Insel wegzukommen. Wollt ihr den Piraten beim Bau helfen?

Für das Floß können die Piraten natürlich nur die Naturmaterialien verwenden, die sie auf der Insel finden. Sammelt im Garten oder bei einem Spaziergang im Wald kleine Äste, die möglichst gerade und gleich dick sind. Mit einer Gartenschere schneidet ihr zehn Stück davon auf eine Länge von ca. 20 Zentimetern zurecht. Sind die Äste sehr dünn, nehmt ihr ein paar mehr.

Für die Verbindung der Hölzer verwendet ihr ein langes Stück Schnur. In die Mitte der Schnur legt ihr das Ende eines Hölzchens und verknotet es mit dem Faden, sodass beide Enden gleich lang herabhängen. Jetzt legt ihr die anderen Hölzer daneben. Mit den beiden Schnurenden wickelt ihr abwechselnd einmal über und dann unter das nächste Ästchen, bis alle Teile verbunden sind. Zwischen den Ästen kreuzen sich die Schnüre immer. Um noch mehr Festigkeit zu bekommen, wiederholt ihr das Ganze noch einmal. Anschließend wird die gegenüberliegende Seite der Hölzchen auf die gleiche Art zweimal fest umwickelt.

Das Piratenfloß braucht natürlich auch einen Mast mit Segel, damit die Seeräuber über das Meer fahren können. Ein dünner gerader Ast oder ein Schaschlik-Spieß aus Holz eignen sich dafür prima.

Während die Piraten Segel aus Stoff benutzten, verwendet ihr das Tonpapier dazu. Schneidet aus dem Papier ein Segel zurecht, das etwa die Breite eures Floßes hat.

Echte Piraten haben einen Totenkopf auf ihrem Segel, das ist doch klar! Malt ihn mit schwarzem Filzstift auf. Stecht den Ast oder Holzspieß unten und oben durch das Papier, sodass er sich hinter dem Totenkopf befindet. Den Mast klemmt ihr zwischen zwei Ästchen in der Mitte des Bootes fest. Damit das Floß nicht verloren gehen kann, wenn ihr es zu Wasser lasst, bindet ihr vorn eine Schnur fest.

Jetzt können eure Piraten an Bord gehen! Setzt eure Männchen einfach auf die Holzplanken oder bindet sie fest, dann gehen sie bei hohem Wellengang nicht über Bord.

Wie wäre es mit einer spannenden Wettfahrt? Bastelt dazu mehrere dieser kleinen Flöße und bindet jedes an einer Schnur fest. Wenn kein Teich in eurer Nähe ist, eignet sich auch die Badewanne oder das Planschbecken im Garten für eine ordentliche Seefahrt! Vielleicht erscheint auch ein Seeungeheuer und macht so große Wellen, dass die Flöße fast untergehen?

Sicherlich habt ihr noch viele eigene Ideen, was den Piraten alles passieren kann!

LEINEN LOS UND AHOI!

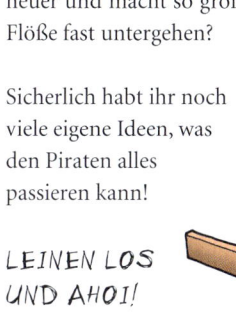

DSCHUNGELMOBILE

Das braucht ihr: *Naturmaterial (Ästchen, schmale Wurzeln, Rindenstücke, Federn, Gräser etc.), Schere, Nähgarn, 2 Schaschlik-Spieße aus Holz, Bastelkleber, Wasserfarben und Pinsel, Tiere (z. B. Affe oder Löwe) und kleine Plastikfiguren*

Bestimmt kennt ihr Tarzan und seine Freunde aus dem Dschungel. Ihr könnt sie ganz leicht in euer Zimmer holen. Wie das? Mit einem selbst gebastelten Mobile!

Das Gerüst für das Mobile besteht aus zwei Schaschlik-Spießen. Den oberen Querbalken bildet ein Spieß. Das zweite Stäbchen müsst ihr halbieren und die beiden Hälften in der Mitte mit etwas Nähgarn rechts und links am Querbalken befestigen. Die Hälften sollten etwa zehn Zentimeter unter dem Querbalken pendeln. An die nun entstandenen vier Enden knotet ihr später die dekorierten Fäden und richtet sie so aus, dass sie im Gleichgewicht hängen.

Jetzt geht es an die Dekoration. Sammelt in der Natur alles, was eurer Ansicht nach in den Dschungel passt. Setzt eure Tierfiguren in kleine Äste. Bemalt einen krummen Ast als gefährliche Giftschlange, die vom Baum hängt. Eine Plastikfigur wird zu Tarzan, wenn ihr ihr ein Stückchen Stoff als Lendenschurz umbindet. Dünne Wurzeln stellen eure Lianen dar, und ein paar Gräser, um einen Ast gewickelt, bilden die Savanne.

Zum Schluss befestigt ihr zum Aufhängen ein Stück Garn in der Mitte des oberen Querbalkens. Jetzt kann der Dschungel in euer Zimmer einziehen!

FOTOCOLLAGE

Das braucht ihr: farbigen Fotokarton DIN A2, Bilderrahmen, viele Fotos, Bastel- bzw. Fotokleber, Buntstifte, evtl. Zusatzmaterial (Urkunden, Zeitungsausschnitte usw.)

Toll, Sohnemann ist eine richtige Sportskanone! Zahlreiche Fotos und Zeitungsausschnitte berichten darüber. Schade nur, dass sie irgendwo herumliegen! Eine bunte Fotocollage sorgt für Ordnung und sieht super aus.

Zu Beginn sichtet ihr, was ihr an Schätzen habt. Fotos vom Training, beim Wettkampf und bei der Siegerehrung eignen sich prima. Ergänzt werden diese Bilder mit lustigen Schnappschüssen aus den Sportpausen sowie Fotos von der ganzen Mannschaft und dem Wettkampfpartner. Zeitungsausschnitte und die beste Urkunde runden die Sammlung ab.

Legt alles lose auf den Fotokarton und ordnet die Bilder so an, wie es euch am besten gefällt. Das muss nicht immer streng und gerade sein! Lustiger sieht es aus, wenn einige Fotos z. B. schräg hängen oder sich an einer Stelle überlappen. Vielleicht verwendet ihr die Urkunde als Mittelpunkt und ordnet alles andere darum an.

Seid ihr mit dem Gesamteindruck zufrieden, klebt ihr alles fest. Mit den Buntstiften schreibt ihr noch ein paar witzige Kommentare unter die Bilder. Ist noch Platz vorhanden, verziert ihr die Collage mit Stickern oder kleinen Zeichnungen nach eurem Geschmack. Fertig? Dann kommt das Bild in den Rahmen.

Habt ihr die passende Stelle gefunden, um eure Collage aufzuhängen? Vielleicht platziert ihr rundherum noch weitere Urkunden, die Medaillensammlung oder ein Regalbrett für gewonnene Pokale!

JONGLIEREN

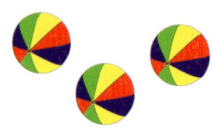

Das braucht ihr: 3 Tücher, 3 Jonglierbälle und
viel Geduld

Sieht es nicht toll aus, wenn ein Jongleur in rasender Geschwindigkeit mehrere Bälle, Reifen oder Kegel durch die Luft wirbelt, ohne dass ein Gegenstand herunterfällt? Bis ihm das so meisterhaft gelingt, braucht so ein Ballkünstler natürlich ganz viel Training! Grundsätzlich kann das Jonglieren aber jeder mit ein wenig Geduld und Zeit zum Üben lernen. Wer von euch schafft es als Erster, mit drei Bällen zu jonglieren?

Für Anfänger dieser Kunst eignen sich Jongliertücher. Sie bleiben länger in der Luft und es ist einfacher, die Bewegungen damit einzuüben. Klappt es mit den Tüchern gut, könnt ihr einen Schritt weitergehen und spezielle kleine Bälle, die mit Reiskörnern, Hirse, Kunststoffkügelchen oder ähnlichem Material gefüllt sind, verwenden. Da sie nicht wegspringen, wenn sie herunterfallen, müsst ihr nicht jedem Ball hinterherlaufen. Das Bücken bleibt euch allerdings nicht erspart! Da es die Bälle in verschiedenen Größen gibt, solltet ihr beim Kauf darauf achten, dass ihr zwei Bälle bequem in einer Hand halten könnt. Die zwischen 100 und 200 Gramm schweren Säckchen gibt es mit verschiedenfarbigen Kunststoffbezügen. Besonders griffig sind sie, wenn sie zusätzlich eine Silikonbeschichtung haben. Die bunten Bälle gibt es bestimmt auch in eurer Lieblingsfarbe und manche leuchten sogar im Dunkeln. Cool, oder?

Solltet ihr andere Bälle verwenden, achtet darauf, dass sie nicht größer als ein Tennisball und alle gleich schwer sind. Nachdem die Frage des Materials geklärt ist, atmet einmal tief durch und dann geht es los!

Ihr startet das Übungsprogramm mit dem gleichmäßigen Werfen eines Balles von einer Hand in die andere. Dabei sollte die Flugbahn nicht höher als eure Stirn sein. Achtet darauf, dass ihr beim Werfen die Hände möglichst immer an der gleichen Stelle lasst. Nach jeder Wurfbewegung sollten sie in die Ausgangsposition zurückkehren.

Dann wird es schwieriger. Mit einem Ball in jeder Hand beginnt das Werfen zweier Bälle. Werft zuerst den rechten diagonal nach links oben. Hat er den höchsten Punkt seiner Bahn erreicht, werft ihr den linken diagonal nach rechts oben. Nun ist die linke Hand frei, um das erste Säckchen zu fangen, bevor die rechte den zweiten Ball greift. Nach jedem Durchgang macht eine kleine Pause, bis ihr euch an den Rhythmus gewöhnt habt.

Nun kommen drei Bälle ins Spiel. Zwei habt ihr in der rechten und einen in der linken Hand. Werft nacheinander diagonal, wie eben beschrieben, rechts, links, rechts, und fangt alle Bälle auf. Jetzt liegen zwei Bälle in eurer linken Hand und einer in der rechten. Beim zweiten Durchgang heißt der Rhythmus also links, rechts, links. Versucht mehrere Durchgänge ohne Pause!

Es ist ganz normal, wenn euch die Säckchen zuerst herunterfallen. Ein häufiger Anfängerfehler besteht darin, beim Werfen immer schneller zu werden. Bleibt schön ruhig und versucht, keine Hektik aufkommen zu lassen. Trainiert lieber mehrmals für zehn Minuten als ein Mal für mehrere Stunden, dann wird euer Fleiß bestimmt bald belohnt werden.

MARIONETTENBAU

Das braucht ihr: 1 große und 2 kleinere Kugeln z. B. aus Schaumstoff oder Styropor®, Holzperlen, Tonpapier, Nylonschnur, Heißklebepistole, 3 cm x 25 cm langes Vierkantholz (1 cm Kantenlänge), 2 Schräubchen, 5 Schraubhäkchen, Dekomaterial wie Federn, Bastelfilz, Glitzer

„Uuurmeli!" ruft die gutmütige Wutz von der Augsburger Puppenkiste, und schon kommt ein kleines grünes Dinobaby angewackelt. Nur von dünnen Schnüren gelenkt, hoppeln die Figuren scheinbar lebendig über die Bühne. Wollt ihr auch einmal zum Puppenspieler werden und die Puppen tanzen lassen? Dann ist dieser Vorschlag das Richtige für euch!

Bei der Gestaltung einer Marionette könnt ihr eurer Vorstellungskraft freien Lauf lassen. Hier lernt ihr, wie ihr einen Fantasievogel anfertigt. Die folgenden Angaben geben euch Anregungen für das Grundgerüst des Vogels, den Rest besorgen eure eigenen Ideen.

Die große Kugel wird zum Rumpf eurer Marionette. Für die storchenähnlichen Beine fädelt ihr farbige Holzperlen auf die Nylonschnur. Gefällt euch die Länge, dann verknotet ihr den Faden an beiden Enden, damit die Perlen nicht mehr herunterrutschen. Ob ihr die Beine einfarbig oder bunt gestaltet, ob beide Beine gleich aussehen oder jedes anders, bleibt allein eurem Geschmack überlassen. Mit der Heißklebepistole klebt ihr die zwei Beine an der Bauchseite der Kugel fest.

Den langen Hals der Puppe bastelt und befestigt ihr genauso. Aus den beiden Hälften von einer der kleineren Kugeln entstehen die Füße. Dazu dreht ihr die Halbkugeln mit der flachen Seite nach unten, damit sie auf den Boden aufsetzen, und klebt die zwei Beine daran fest.

Noch ist der Vogel kopflos, aber das ändert sich mit der zweiten Kugel. Nachdem ihr sie an die Perlenschnur des Halses angeklebt habt, schneidet ihr aus Tonpapier zwei spitze Dreiecke als Schnabel zurecht. Eine Zunge aus

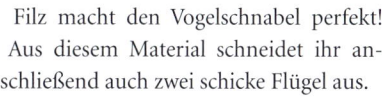

Filz macht den Vogelschnabel perfekt! Aus diesem Material schneidet ihr anschließend auch zwei schicke Flügel aus.

Nachdem Schnabel und Schwingen befestigt sind, kleidet ihr die Fantasiefigur mit allem an, was euch gefällt. Überlegt euch, ob ihr dazu Federn, Glitzerfarbe, Stückchen aus farbigem Transparentpapier oder Filz nehmen wollt. Ein auseinandergezogener Topfkratzer aus Metall für Vogelkopf und -körper gibt ein lustiges Federkleid ab. Auch Sägespäne oder Rindenstückchen eignen sich. Was nehmt ihr, um daraus einen langen Vogelschwanz zu basteln?

Zum Abschluss sucht ihr zwei Holzperlen für die Augen aus. Damit eure Figur zur Marionette wird, schneidet ihr lange Nylonschnüre für den Kopf, die Füße und die Flügelspitzen ab und befestigt sie. Auch der Körper hängt an einer Nylonschnur – sie ist die zentrale, an der das Gewicht des Vogels hängt.

Für das Führungskreuz legt ihr zwei der Vierkantstäbe parallel hin und befestigt mit zwei Schräubchen den dritten längs darüber. In die Enden der Querstreben und in ein Ende der Längsstrebe schraubt ihr von unten je ein Häkchen. In deren Ösen werden die Enden der Nylonschnur verknotet. In der Mitte des Führungskreuzes muss die zentrale Schnur befestigt werden. Damit die Fäden die richtige Länge erhalten, macht ihr das am besten zu zweit. Einer hält das Kreuz hoch, während der andere die Schnüre spannt und befestigt.

Jetzt muss euer Vogel nur noch das Laufen lernen …

RITTERRÜSTUNG AUS PAPPKARTONS

Das braucht ihr: verschiedene Kartons, Schere, Cutter- oder Teppichmesser, Schnur oder Geschenkband, Bleistift, verschiedene Farben und Pinsel, evtl. Federn

Sie beflügeln noch heute die Fantasie vieler Jungen: tapfere Ritter aus längst vergangenen Zeiten! Sie sitzen in glänzenden Rüstungen auf ihren stolzen Pferden. Damit Junior in ein siegreiches Turnier ziehen kann, braucht auch er eine stabile Rüstung, die ihr zusammen ganz einfach selbst basteln könnt.

Der Helm des Ritters dient nicht nur als Schutz für den Kopf, sondern er muss auch eindrucksvoll aussehen, um den Gegnern zu imponieren. Ein kleiner Karton für Getränke oder Waschpulver, der auf Sohnemanns Kopf passt, eignet sich als Basis dafür prima. Schneidet für die Schultern auf beiden Seiten einen halbrunden Ausschnitt, bis der Helm angenehm sitzt. Damit der wackere Recke im Kampf etwas sehen kann, wird in Augenhöhe ein Sehschlitz eingearbeitet. Dazu sägt ihr eine rechteckige Klappe in den Karton, deren obere Seite nur geknickt, aber nicht geschnitten wird. Dadurch lässt sie sich während des Kampfes als Visier herunterklappen. Schneidet aus der Klappe noch zwei schmale Sehschlitze heraus, sonst seid ihr mit geschlossenem Visier blind!

Für den Brust- und Rückenpanzer braucht ihr einen größeren und sehr stabilen Karton. Mit einem Bleistift zeichnet ihr darauf die Umrisse der Rüstung. Diese ähneln in ihrer Form einem ärmellosen T-Shirt, das dem Träger eine Nummer zu groß ist. Seid ihr mit dem Entwurf zufrieden, schneidet ihr die beiden Teile vorsichtig aus. Mit dem Teppichmesser hantiert besser nur der Papa. Verbunden werden die zwei Panzerteile mit Schnüren, die ihr durch kleine Löcher in der Schulter-partie und der Taille fädelt und verknotet.

Damit eure Rüstung eines edlen Ritters würdig ist, streicht ihr Helm und Panzer mit weißer Wandfarbe an. Sollte nach dem Trocknen trotzdem noch die Beschriftung durchschimmern, tragt ihr eine zweite Schicht auf.

Im Mittelalter, der Blütezeit der Ritter, erkannten sich die edlen Herren so-fort an ihren gut sichtbaren Wappen. Natürlich dürfen sie an euren Rüstun-gen auch nicht fehlen. In Büchern oder dem Internet finden sich viele Anre-gungen und Motive für beeindruckende Wappen und Verzierungen. Sucht euch das aus, was euch am besten gefällt und nicht zu kompliziert ist. Diese Vorlage übertragt ihr zuerst mit Bleistift auf eure Rüstung und malt sie dann mit Farbe nach. Besonders wertvoll sieht Silber- oder Goldfarbe aus, die sich zusammen mit kräftigen Farben (z. B. Rot und Schwarz) gut vom weißen Hintergrund abhebt.

Mit Schwert und Schild ist eure Ausrüstung komplett. (Die Bastelanleitung dazu findet ihr auf Seite 24.) Ideal wären noch, falls vorhanden, ein paar Straußenfedern (z. B. vom Staubwedel), mit denen der Helm ab-schließend eindrucksvoll geschmückt werden kann.

Wenn eure Rüstung fertig ist, könnt ihr sie anziehen und überlegen, ob ihr bis zum Abendessen in die Schlacht ziehen oder lieber einen Drachen besie-gen wollt.

RASENDER REPORTER

Das braucht ihr: Notizblock, Videokamera, Abspielgerät, 2 Blatt Zeichenkarton, Buntstifte

Opa hat Geburtstag und ihr wisst nicht, was ihr ihm schenken sollt? Immer nur Socken oder eine Flasche Wein sind nicht der Renner. Also, was tun? Wie wäre es mit einem originellen Glückwunsch? Eine CD oder DVD mit ganz persönlichen Grüßen ist nicht nur ein tolles Geschenk, sondern auch eine bleibende Erinnerung und Ehrung.

Macht euch als Erstes eine Liste mit den Fragen, die ihr stellen wollt. Das könnten beispielsweise sein:

1. Können Sie sich/Kannst du dich kurz vorstellen?
2. Wie lange und woher kennen Sie/kennst du den Opa?
3. Beschreiben Sie/beschreibe ihn kurz.
4. Was ist das lustigste Erlebnis, das Sie/das du mit Opa hatten/hattest?
5. Welche Glückwünsche möchten Sie/möchtest du ihm übermitteln?

Das ist nur als kurze Anregung für euch gedacht. Je nach Person und Anlass könnt ihr natürlich noch nach viel mehr Dingen fragen, die euch interessieren und die auch für eure Zuschauer später unterhaltsam sind.

Auf die zweite Liste setzt ihr die Namen eurer Interviewpartner. Das sind Familienmitglieder, Freunde, Nachbarn und Kumpel von Opa aus dem Ke-

gelverein oder Dackelclub. Natürlich müsst ihr die Leute einweihen, dass der Film eine geheime Überraschung für Opa ist, damit sie nicht aus Versehen etwas verraten!

Jetzt geht es an die Aufgabenverteilung. Während einer von euch die Kamera bedient, z. B. Papa, führt der andere die Interviews. Damit das alles richtig professionell wie im Fernsehen wirkt, macht sich der Interviewer fein. Dazu reichen eigentlich schon eine Krawatte oder Fliege und ein Hemd mit Jackett aus. Denkt euch eine kleine Rahmengeschichte aus, die erklärt, warum ihr dieses Interview macht.

Der Fragensteller könnte z. B. in die Kamera erzählen, dass der bekannte und beliebte „Heinz Müller" seinen Geburtstag feiert und ein Gesetzesvorschlag vorliegt, diesen Tag zum Feiertag zu erklären. Das Fernsehen (das seid ihr) möchte zeigen, wie die Nation auf den Ehrentag dieses prominenten Großvaters reagiert, und interviewt des- halb Bürger dieser Stadt. Ihr klingelt an der Haustür eures Gesprächspartners und stellt euch dem überrascht spielenden Bewohner als Reporter eines Privat-TV-Senders vor. Wenn ihr das mit einem ganz ernsten Gesicht macht, wirkt die Geschichte auch ziemlich glaubwürdig.

Achtet bei dem Interview darauf, dass nicht nur der Befragte, sondern auch der Reporter die meiste Zeit in die Kamera sieht. Nachdem ihr mit der Befragung fertig seid, könnt ihr noch einige Gebäude der Stadt filmen, die für den Opa wichtig sind. Der Reporter erklärt, worum es sich dabei handelt: Wohnhaus, ehemalige Schule, früherer Arbeitsplatz etc.

Natürlich lässt sich das Ergebnis auch am Computer bearbeiten. Ihr könnt einen Titel oder Musik hinzufügen. Ihr könnt aber auch einfach ein Plakat schreiben, auf dem „Herzlichen Glückwunsch zum Geburtstag, lieber Opa!" steht. Das filmt ihr dann genauso wie ein zweites Plakat, auf dem die Namen des Reporters und des Kameramanns zu sehen sind.

Viel Spaß und Film ab!

21

VOGELHAUS

Das braucht ihr: *leere Getränketüte aus Pappe, Moos-gummi (z. B. in Schwarz, Braun oder Grün), Schere, Bastelkleber, Blumendraht, Acrylfarbe, kleinen Ast*

Wenn der Winter mit Schnee und Frost kommt, haben es die Vögel im Garten schwer, denn sie finden kaum noch Futter. Eine Handvoll Körner kann den Hunger eurer gefiederten Freunde lindern. Aber wohin mit dem Futter? Mit wenig Aufwand könnt ihr schnell ein originelles und praktisches Vogelhäus-chen bauen!

Damit die gebrauchte Getränketüte nicht anfängt zu stinken, wascht sie zuerst in geöffnetem Zustand aus und lasst sie gut trocknen. Mit Kleber verschließt ihr anschließend den Öffnungsfalz. Jetzt wird die Tüte in einer dunklen Tarnfarbe angestrichen. Während sie trocknet, schneidet ihr das Moosgummi zu abgerundeten Dachschindeln zurecht. Die einzelnen Ziegel sollten etwa vier Zentimeter breit und fünf Zentimeter lang sein. Mit dem Kle-ber befestigt ihr Schindel für Schindel auf dem schrägen Dach der Tüte. Die einzelnen Stücke sollten sich überlappen und auch seitlich ein wenig überstehen.

Aus einer der Seitenwände schneidet ihr ca. sechs Zentimeter über dem Boden eine breite Tür heraus. So bleibt noch genug Platz für das Futter, und der Vogel kann bequem hinein- und heraushopsen. Unterhalb der Tür steckt ihr den Ast in die Tüte. Die Piepmätze können sich dort hinsetzen und das Haus erst einmal in aller Ruhe ansehen.

Wenn ihr an dem Falz auf dem Dach eine Drahtschlaufe befestigt, könnt ihr das Vo-gelhaus direkt in den Garten hängen!

KOMPASS BAUEN

Das braucht ihr: kleine Schüssel mit Wasser, Spülmittel, langen Nagel, Korken, kleinen Magneten, Papier, Stifte

Im Osten geht die Sonne auf, im Süden steigt sie hoch hinauf, im Westen wird sie untergehen, im Norden ist sie nie zu sehen. Wenn ihr unterwegs seid, wisst ihr anhand dieses Spruchs, wo sich die vier Himmelsrichtungen befinden. Mit einem Kompass könnt ihr euch auch dann orientieren, wenn die Sonne einmal nicht scheint. Die magnetische Kompassnadel liegt beweglich in ihrem Gehäuse und zeigt mit ihrer Spitze immer in Richtung Norden. Alle Himmelsrichtungen lassen sich an der Windrose des Kompasses ablesen. Wollt ihr das mit einem selbst gebauten Kompass ausprobieren?

Nehmt euch zuerst die Schüssel mit dem Wasser. Damit das Wasser weniger Oberflächenspannung hat, gebt ihr einen Spritzer Spülmittel hinein und stellt die Schüssel dann auf das Papier. Um aus dem Nagel eine Kompassnadel zu machen, reibt ihr ihn fünf Minuten lang immer wieder in eine Richtung über den Magneten. Dadurch wird er selbst magnetisch. Stecht den Nagel vorsichtig durch den Korken und legt ihn dann in die kleine Wasserschüssel. Der Korken trägt den Nagel, sodass er nicht untergeht. Nach kurzer Zeit richtet sich die Spitze nach Norden aus. Dort schreibt ihr ein „N" auf das Papier. Gegenüber ist der Süden. Osten befindet sich rechts zwischen „N" und „S" und der Westen liegt dem Osten gegenüber. Die entstandene Windrose auf dem Papier könnt ihr mit Buntstiften verzieren.

Ohne einen Kompass hätte sich früher kein Kapitän aus dem Hafen gewagt, viele Länder wären nicht entdeckt worden. Spannend, nicht wahr?

ZU DEN WAFFEN!

Das braucht ihr für die Ritterwaffen: Brett ca. 80 cm x 7 cm x 2,5 cm aus weichem Holz (z. B. Balsaholz), festen Karton, grobe und feine Raspel, Schmirgelpapier, Bleistift, Schere, Schnur, verschiedene Farben

Das braucht ihr für die Indianerwaffen: 30 cm langen Besenstiel, Säge, Stück graues Moosgummi (3 cm dick), Schere, dünnes Lederband, Bastelkleber, Federn und Perlen, ca. 15 mm starke Weidenstecken, Nylonschnur (2 mm dick)

Ein echter Ritter geht nicht ohne ein ordentliches Schwert und einen Schild vor die Burgtür! Und sein Kriegsbeil begleitet den Indianer auf Schritt und Tritt. Selbst gebastelt sind diese Waffen doppelt klasse!

Das traditionelle Langschwert wird aus dem grob zugesägten Holzbrett herausgearbeitet. Mit der Raspel feilt ihr die typische Schwertform, wobei die Spitze vorn schmal und wegen der Verletzungsgefahr nicht zu spitz ausläuft. Die Schneide schrägt ihr auf allen Seiten leicht ab. Der Griff sollte auf die Handgröße des Schwertträgers abgestimmt werden und angenehm zu fassen sein.

Arbeitet beim Feilen immer von „grob" nach „fein". Das bedeutet, dass ihr zuerst die Grundkonturen mit der groben Raspel herausarbeitet und für die Details die feinere benutzt. Abschließend wird die Oberfläche mit dem Schmirgelpapier glatt geschliffen, damit sich niemand verletzen kann. Aus der Pappe schneidet ihr ein Oval von etwa 17 x 12 Zentimetern aus. In die Mitte kommt ein Schlitz, der so breit wie das Schwert wird. Fertig ist der Griffbogen, der die Hand des Ritters vor dem gegnerischen Dolch schützen soll. Zieht das Stück Pappe über das Schwert, schon ist der erste Teil der Ausrüstung fertig!

Auf den Karton zeichnet ihr mit dem Bleistift die Schildform und schneidet sie aus. Aus zwei Bändern, die durch die Pappe gefädelt und verknotet werden, entsteht der Handgriff. Anschließend streicht ihr den Schild an und verseht ihn mit eurem Wappen. (Dabei könnt ihr euch an der Anleitung für die Ritterrüstung auf Seite 18 orientieren.)

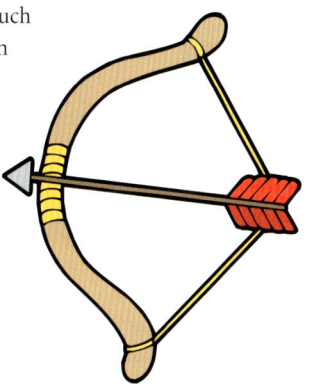

Nun ist der Tomahawk des Indianers an der Reihe. Dazu sägt ihr in den Besenstiel einen vier Zentimeter tiefen und einen Zentimeter breiten Schlitz. Das muss von oben, also in die kreisrunde Fläche des Besenstiels erfolgen. Mit der Schere schneidet ihr aus dem Moosgummi die Beilklinge aus und passt sie eng in den Schlitz ein. Mit dem Lederband umschlingt ihr die Verbindungsstelle kreuzförmig. Nachdem das Band gut verknotet ist, könnt ihr zur Verzierung Perlen auf die Stielenden setzen und Federn ankleben.

Was wäre ein Indianer ohne Pfeil und Bogen? Für beides eignen sich frische und entlaubte Weidenstöcke. Für den Bogen schneidet ihr sie in einer für euch passenden Länge ab. Kerbt den Stecken oben und unten mit dem Messer ein. Damit habt ihr eine Führung für die Nylonschnur, die zwischen den Kerben gespannt wird. Auch die Pfeile bekommen einen kleinen Schlitz am Ende, damit sie auf der Bogensehne einen besseren Halt finden. Das vordere Ende spitzt ihr mit dem Messer leicht an.

Bitte seid beim Spielen vorsichtig, damit niemand verletzt wird! Und jetzt ab auf den Kriegspfad!

BUMERANG

Das braucht ihr: stabilen Karton in 1–2 mm Stärke, Bleistift, Lineal, Schere, Bastelkleber

In Afrika erlegten die Krieger früher mit Speeren das Wild. In Amerika gingen die Indianer mit Pfeil und Bogen auf Kriegspfad. In Australien jagen die Aborigines bis heute mit Bumerangs, die sie aus Holz anfertigen. Aber auch in europäischen Höhlen wurden solche steinzeitlichen Wurfgeschosse aus Holz oder Knochen entdeckt. Das Spannende daran ist, dass sie zu ihrem Werfer zurückkommen und von ihm gefangen werden können. Glaubt ihr nicht? Probiert es aus!

Bumerangs gibt es für drinnen und draußen in vielen verschiedenen Formen: Bohnen- oder l-förmig, drei- oder vierarmig. Heute findet man sie auch in vielen witzigen Formen. Es ist erstaunlich, was alles zum Fliegen taugt!

Das folgende Modell ist für den Innenbereich gedacht. In Sporthallen werden damit schon richtige Wettbewerbe veranstaltet. Schneidet aus einem Karton zwei Streifen aus, die ca. dreieinhalb Zentimeter breit und 20 Zentimeter lang sind. Die Enden der Streifen rundet ihr mit einer Schere ab. Legt die beiden Teile kreuzförmig übereinander und klebt sie in der Mitte übereinander. Dann biegt ihr vorsichtig die vier Enden etwa einen halben Zentimeter nach oben. Fertig!

Für den Flugversuch braucht ihr ein wenig Platz. Eine Turnhalle eignet sich am besten. Versucht, den Bumerang aus dem Handgelenk nach oben zu schleudern. Wenn ihr ein wenig übt, habt ihr bestimmt Erfolg!

Schnellboot mit Luftballonantrieb

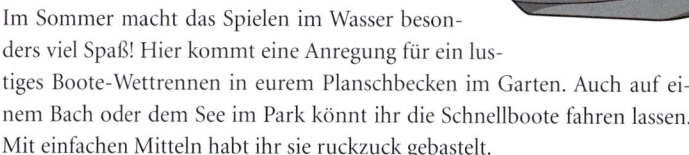

Das braucht ihr: *leere Getränketüte aus Pappe, Bastelkleber, Schere, Luftballon, Filzstift*

Im Sommer macht das Spielen im Wasser besonders viel Spaß! Hier kommt eine Anregung für ein lustiges Boote-Wettrennen in eurem Planschbecken im Garten. Auch auf einem Bach oder dem See im Park könnt ihr die Schnellboote fahren lassen. Mit einfachen Mitteln habt ihr sie ruckzuck gebastelt.

Zuerst klebt ihr den Öffnungsfalz der Tüte fest zu. Aus der Hälfte der Verpackung soll das Boot entstehen. Damit ihr wisst, wo ihr entlangschneiden müsst, zeichnet ihr mit dem Filzstift senkrecht rund um die Mitte der Packung eine Hilfslinie ein. Nach dem Durchschneiden wascht ihr die Hälften erst einmal sauber aus und trocknet sie ab.

Jetzt ist das Boot schon gut erkennbar. Dabei bildet das spitze Dach der Tüte den Bug des Bootes und der Boden das Heck. (Falls ihr euch mit der Seemannssprache nicht so gut auskennt: Bug ist vorn und Heck ist hinten.) Mit der Schere stecht ihr ein Loch in die untere Mitte des Hecks. Das darf nur so groß sein, dass das dünne Ende des Luftballons durchgeschoben werden kann. Blast den Luftballon zunächst auf und haltet das Ende fest zu, sodass keine Luft entweichen kann. Dann fädelt ihr es vorsichtig durch das kleine Loch im Boot.

Setzt das Schnellboot ins Wasser und lasst den Ballon und das Schiffchen los! Wetten, es flitzt wie ein Blitz über das Wasser? Da die Milchtüte zwei Hälften hat, könntet ihr auch gleich zwei Boote bauen und diese um die Wette fahren lassen.

MALSPASS

Das braucht ihr: Papier und Stifte

Ihr macht für euer Leben gern Quatsch? Und Blödelei ist genau euer Ding? Dann habt ihr etwas mit den verrückten Künstlern gemeinsam, die man Surrealisten nennt. Sie haben eine Methode entwickelt, lustige kleine Kunstwerke herzustellen, die ihr zu Hause ganz leicht mit Papier und Stiften nachmachen könnt. Die Surrealisten nannten das „Cadavre Exquis" – ihr könnt es aber auch einfach lustige Kritzelei nennen! Das Spiel geht zu zweit, aber auch super in Gruppen, z. B. auf dem Kindergeburtstag.

Legt ein weißes Blatt Papier, am besten DIN A4, aber gern auch größer, hochkant vor euch auf den Tisch. Jeder, der mit von der Partie ist, bekommt eines und dazu Stifte. Ihr faltet das Blatt zweimal horizontal, sodass vier Spalten entstehen. Die Spalten sollen quer vor euch liegen, wie Zeilen zum Schreiben. Geschrieben wird hier aber nicht, sondern gezeichnet! Und zwar malt jeder Mitspieler einen Kopf in die oberste Spalte. Das muss aber heimlich geschehen – keiner darf beim Nachbarn gucken! Was für ein Kopf, ist ganz und gar euch überlassen. Wie wäre es z. B. mit dem grünen Schädel eines Außerirdischen, dem wettergegerbten Gesicht eines Cowboys, dem Kopf einer feinen Dame mit Dauerwelle und Hütchen oder der Schnauze eines Krokodils? Schirmt euer Blatt vielleicht ein bisschen mit den Händen ab, damit keiner entdeckt, was ihr malt. Ihr zeichnet nur den Kopf, die Linien des Halses führt ihr ein klein bisschen über die Falzkante.

Wenn ihr fertig seid, faltet ihr die Spalte mit dem Kopf nach hinten weg. Jetzt ist das Blatt nur noch dreiviertel so groß wie vorher und ist – bis auf die kleine Markierung des Halses – ganz leer. Jetzt gebt ihr es an euren rechten Sitznachbarn weiter. Dieser zeichnet jetzt den Oberkörper. Und wieder ist es ganz eurer Fantasie überlassen, welche Figur ihr darstellt. Das kann ruhig jemand ganz anderes sein, als die Figur, die ihr euch für den Kopf ausgesucht hattet. Umso lustiger wird das Resultat! Ihr zeichnet in Ruhe fertig, zieht die Linie zur Markierung der Körperumrisse wieder etwas über den Falz – und weitergeben! In die nächste Spalte kommt der Unterkörper: Hosenbeine, nackige Beine oder Dinosaurierbeine, wie es euch beliebt. In die vierte Spalte werden dann die Füße gezeichnet.

Die erste Runde ist zu Ende, wenn vor euch ein zusammengefalteter Streifen Papier liegt. Jetzt kommt der lustigste Moment: Jeder darf das vor sich liegende Bild auffalten und vorführen. Was ist entstanden? Ein Hundekopf-Roboter-Polizisten-Stöckelschuh-Wesen?

Die schönsten Bilder könnt ihr noch weiter verzieren oder bunt ausmalen. Witzig ist es auch, sich passende Namen für die wundersamen Figuren auszudenken. Vielleicht wisst ihr auch eine Geschichte zu erzählen, warum die Giraffe Rollen an den Füßen hat oder wie in der Welt jemand mit einem so großen Kopf und so minikleinen Füßen stehen kann, ohne umzukippen oder, oder, oder …

AUTOSPIELLANDSCHAFT

Das braucht ihr: *Holzplatte, Kaninchendraht, Wasser, einige Kartons, leere Klopapierrollen, viel Zeitungspapier, Tapetenkleister, Farbe, Pinsel, Kleber, Drahtschere, Moos, einige Modellhäuschen*

In jedem Jungen steckt ein unentdeckter Rennfahrer. Stundenlang kann er sich damit beschäftigen, seinen Fuhrpark über den Teppich brummen zu lassen. Was wird er da erst für Augen machen, wenn er zusammen mit Papa eine ganze Spiellandschaft für seine Autos bauen darf!

Als Basis dient die Holzplatte. Bedenkt bei eurer Plattengröße: je größer, desto schwerer! Auch eine kleinere Landschaft kann man spannend gestalten. Teilt dazu die verfügbare Fläche in einer Skizze grob ein. Wo sollen die Straßen entlangführen? Gibt es Hügel oder einen Berg? Möchtet ihr Tunnel oder Brücken bauen?

Habt ihr eure Vorstellungen festgelegt, fangt ihr mit den Konstruktionsteilen an. Für einen Berg biegt ihr euch Kaninchendraht zurecht und platziert ihn an seinem Standort. Der Tapetenkleister wird nach Anweisung angerührt, die Zeitungen werden in Schnipsel gerissen. Die eingekleisterten Papierfetzen klebt ihr lagenweise auf dem Draht fest. Nach dem Trocknen könnt ihr den Berg bemalen und mit Moos bedecken.

Ein bemalter Karton mit zwei halbrunden Löchern wird zum Tunnel. Über Brückenpfeiler aus Klopapierrollen führt eine Straße aus Kartonstreifen.

Das Straßennetz malt ihr direkt auf die Holzplatte. Kurven, Kreuzungen und Abbiegungen nicht vergessen! Stellt eure Häuschen in die Landschaft und ergänzt sie mit allem, was eure Fantasie erlaubt!

BAUKLÖTZE ZUM STAUNEN

Das braucht ihr: Kanthölzer, Säge, Bleistift, Lineal, Schmirgelpapier, altes Tuch, Leinöl

Was kann man nicht für tolle Bauwerke aus Bauklötzen errichten! Stundenlang werden die abenteuerlichsten Konstruktionen ausgetüftelt. Es entstehen schwindelerregend hohe Türme, die der Schwerkraft trotzen und fantastische Fassaden lassen jeden Triumphbogen verblassen. Leider fehlen beim Spielen immer die entscheidenden Klötzchen. Ein Grund mehr, euch selbst welche zu bauen.

Für die Form und Größe eurer Bausteine sind der Fantasie keine Grenzen gesetzt. Als Grundform gibt es Dreiecke, quadratische und lange Quader und solche, die nur halb so dick sind wie die anderen. Auch die Anzahl der einzelnen Bausteintypen legt ihr fest. Dabei sollten die Klötze, die ihr am meisten braucht, auch am häufigsten vorhanden sein.

Besorgt euch im Baumarkt Kantholzstäbe in zwei unterschiedlichen Stärken. Das Holz sollte weich sein (z. B. Fichte oder Kiefer), damit es sich gut bearbeiten lässt. Achtet darauf, dass es möglichst wenige Astlöcher aufweist.

Mit einem Lineal und dem Bleistift markiert ihr auf den Holzstäben die gewünschten Längen. Bei den anschließenden Sägearbeiten sollten Sie, lieber Papa, ein wenig Hilfestellung leisten. Das Holz müsst ihr gut festhalten. Vielleicht könnt ihr es auch einspannen, z. B. in einen Schraubstock. Sägt langsam und genau, damit die Klötze nicht schief werden. Holzsplitter im Finger tun weh, also Vorsicht! Schmirgelt die Klötzchen mit dem Schleifpapier schön glatt. Zum besseren Schutz vor Schmutz reibt ihr die Steine zuletzt mit Leinöl ein.

Gut gemacht, Männer!

ZAUBERHAFTE EISLATERNE

Das braucht ihr: 10 l Haushaltseimer, kleineren Eimer, Wasser

Feuer und Eis! Heiß und kalt! Die Faszination liegt im Widerspruch. Glaubt ihr, dass es möglich ist, eine Kerze in einer Laterne aus Eis anzuzünden? Ja, das ist es! Und das könnt ihr gleich im nächsten Winter ausprobieren, wenn es einmal so richtig knackig kalt ist.

Besorgt euch für die Herstellung der Laterne zwei normale Haushaltsputzeimer aus Kunststoff. Während einer davon zehn Liter Wasser fassen sollte, reicht es, wenn der andere etwa halb so groß ist.

Den großen Eimer füllt ihr ungefähr dreiviertelvoll mit Wasser. Es muss richtig knackig kalt sein, wenn ihr ihn draußen im Garten deponiert. In den kleineren gießt ihr auch Wasser oder füllt Steine hinein. Dann stellt ihr ihn in den größeren hinein, sodass er im Wasser schwimmt. Damit er möglichst in der Mitte bleibt, fixiert ihr ihn über dem Rand kreuzweise mit Klebeband. Das Gewicht des kleinen Eimers verdrängt das Wasser des größeren teilweise und lässt es an den Seitenwänden hochsteigen. Auf der anderen Seite ist das kleinere Gefäß nicht so schwer, dass es bis auf den Boden sackt.

Am besten stellt ihr die Eimer abends raus, damit alles in der Nacht gut durchfrieren kann. Am nächsten Nachmittag entfernt ihr vorsichtig beide Eimer und erhaltet eine wunderschöne durchsichtige Eislaterne. Wenn ihr eine brennende Kerze hineinstellt, könnt ihr euch daran erfreuen, wie sie sanft in der Dunkelheit leuchtet.

SANDBURGBAUWETTBEWERB

Das braucht ihr: kleine Eimer, Förmchen, Schaufeln, großen Eimer ohne Boden, Löffel, Plastikmesser, Muscheln, Steine, Federn etc.

Sommer, Sand und Sonne satt! Was gibt es Schöneres, als im Meer zu baden oder faul am Strand zu liegen? Wer davon eine Abwechslung braucht, sollte einen Sandburgbauwettbewerb veranstalten.

Eine echte Sandburg braucht ein solides Fundament! Dazu solltet ihr den Sand verdichten. Am besten eignet sich dafür ein großer Eimer ohne Boden, den ihr an eurem Bauplatz auf den Kopf stellt. Dort hinein schaufelt ihr den möglichst feuchten Sand. Klopft zwischendurch immer mal wieder mit der Faust oder der Schaufel auf den entstehenden Hügel, damit er richtig fest wird. Dabei verkanten sich die einzelnen Sandkörner nämlich und behalten besser die gewünschte Form.

Ist alles gut festgestampft und angetrocknet, kann der Eimer vorsichtig entfernt werden. Von dieser Grundform könnt ihr mehrere nebeneinander oder viele zu einem Kreis formen. Mit kleineren Eimern oder Förmchen baut ihr die nächste Etage.

Seid ihr mit dem Rohbau zufrieden, geht es an die Feinheiten. Dabei fangt ihr immer oben an der Burg an, damit der Sand, der herabrieselt, keine bereits fertigen Teile zerstören kann. Mit einem Plastikmesser lassen sich wunderbar Zinnen herausschneiden. Fenster- und Türöffnungen grabt ihr vorsichtig mit einem Löffel heraus. Liegt euer Bauplatz in Wassernähe, bietet sich um die Burg herum ein Wassergraben an.

Zuletzt noch ein paar schöne Verzierungen mit allem, was der Strand euch schenkt!

Wer hat die schönste Burg gebaut?

Wer schon einmal Urlaub am Meer gemacht hat, kennt die überraschenden Wetterwechsel. Gestern noch pustete der Wind kräftig die dunklen Regenwolken über den Himmel und das Meer krachte mit hohen Brandungswellen an den Strand. Heute ist wieder ein strahlender Sommertag, der zum Sonnenbaden einlädt.

Nach so einem Sturm könnt ihr überall faszinierende Fundstücke entdecken, die das Meer an Land geworfen hat. Vielleicht fragt ihr euch bei einigen Dingen neugierig, wo sie wohl herkommen und was sie alles erlebt haben. Vielleicht findet ihr sie einfach nur schön und interessant anzusehen. Habt ihr Lust, eine Skulptur aus diesem Strandgut zu bauen?

Für das Baumaterial sammelt ihr beide am Strand alles, was euch geeignet scheint: alte Holzteile, die verwittert sind, Federn, bunte Flaschen, Teile von einem alten Fischernetz, Steine, Seilreste. Für die Konstruktion grabt ihr ein langes Holzstück so tief in den Sand ein, dass es nicht umkippt. Mit alten Seilen oder Schnüren bindet ihr quer darauf ein kürzeres Brett fest, an dem ihr jetzt eure Schätze befestigt. Kurze, knorrig geformte Äste können an ein Seil untereinander geknotet und wie Fahnen aufgehängt werden. Auch die farbigen Flaschen lassen sich so befestigen. Netzteile und Federn lassen sich überall herumwickeln oder hineinstecken.

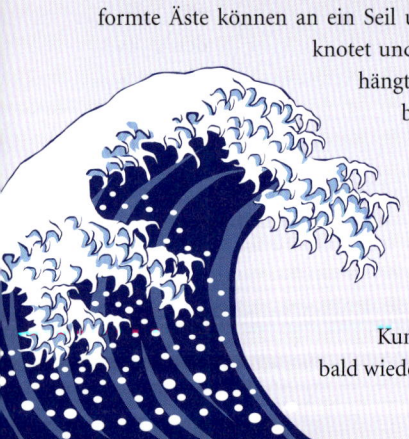

Lasst eurer Fantasie freien Lauf und genießt die Zeit, in der ihr ein wahres Kunstwerk baut! Denn der Wind macht es bald wieder zu dem, was es war: Strandgut.

TROMMEL

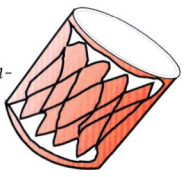

Das braucht ihr: *Blumentopf aus Ton mit ca. 30 cm Durchmesser, Bleistift, Butterbrot- oder Backpapier, Tapetenkleister, Schüssel, Acrylfarben, Pinsel, Borte*

Trommeln sind in jeder Kultur der Welt zu finden, in der Steinzeit ebenso
wie bei den indianischen oder afrikanischen Völkern. Es ist ganz einfach, sie
selbst zu bauen!

Sucht euch in Büchern oder im Internet Vor-
lagen für indianische oder afrikanische Motive. Das Ausgesuchte malt ihr dann mit der
Acrylfarbe auf den Blumentopf. Diese Farbe
haftet gut auf dem Untergrund und trocknet auch schnell. Den Topfrand
bemalt ihr nicht, er muss frei bleiben.

Nun wird es klebrig! Rührt den Tapetenkleister
mit der angegebenen Menge Wasser in einer
Schüssel an. Während er quillt und die Bemalung
trocknet, schneidet ihr aus dem Papier zwölf Kreise aus, deren Durchmesser ca. zehn Zentimeter
größer ist als der des Blumentopfes. Das funktioniert prima, wenn ihr einen entsprechend großen
Teller zum Anzeichnen nehmt. Streicht einen Kreis gleichmäßig, aber nicht
zu dünn mit dem Kleister ein. Dann klebt ihr ihn stramm über die Öffnung
des Topfes, wobei ihr die Ränder des Papiers fest und glatt an den äußeren
Rand drückt. Das ist bei der ersten Schicht nicht so
ganz einfach, aber zu zweit kriegt ihr das hin.

Auch die anderen Schichten werden Stück für Stück
komplett eingepinselt und festgeklebt. Drückt dabei
nicht auf die Mitte eurer nassen Trommel, sonst reißt
womöglich das Papier. Jetzt muss alles gut trocknen.

Wer will, kann den Rand der Trommel zum Schluss
mit einer schönen Borte bekleben.

FLASCHENZUG

Das braucht ihr: Baum mit dickem Ast, 2 Besenstiele oder ähnlich runde und stabile Stäbe, langes Seil, Schere

Es ist schwer vorstellbar, dass es früher noch keinen elektrischen Strom gab, der Maschinen antreiben konnte. Heute ist das so selbstverständlich, dass man sich fragt, wie man früher z. B. große Lasten heben konnte. Wie wurden Schiffe entladen, deren Fracht ein hohes Gewicht hatte? Wie ist es den Römern gelungen, ihre großen Prachtbauten zu errichten, bei denen riesige Steine gehoben werden mussten? Wie konnten im Mittelalter Burgen und Kathedralen gebaut werden, wenn es noch keinen Kran mit Motor gab?

Die Antwort auf diese spannende Frage lautet: mit dem Flaschenzug! Es ist nicht bekannt, wer genau ihn erfunden hat. Schon Archimedes, ein Genie, das vor über 2300 Jahren in Griechenland lebte, soll ihn benutzt haben. Auch von Leonardo da Vinci, einem großen Wissenschaftler und Künstler in Italien, weiß man, dass er ihn verwendet hat. Heute ist der Flaschenzug bei Kränen oder im Brückenbau im Einsatz. Auch beim Bergsteigen und beim Segeln findet er Verwendung.

Ein Flaschenzug ist eine Vorrichtung, die es ermöglicht, mit wenig eigener Kraft große Gewichte zu heben. So konnten in der Antike Römer damit Steinblöcke bewegen, die bis zu sieben Tonnen pro Stück gewogen haben. Stellt euch vor, das entspricht dem Körpergewicht von einem großen plus einem kleinen Elefanten! Von Archimedes erzählt eine Legende, dass er ganz allein, nur mithilfe des Flaschenzuges, ein beladenes Kriegsschiff gezogen haben soll. Verrückt, oder?

Ein Flaschenzug besteht aus mindestens zwei Rollen und einem Seil. Je mehr Rollen im Einsatz sind, desto weniger Kraft müsst ihr selbst aufbringen. Es ist also eine Art Kraftsparmaschine. Um das Prinzip dieser tollen Erfindung besser zu verstehen, könnt ihr mit ganz einfachen Mitteln selbst einen Flaschenzug bauen und ausprobieren.

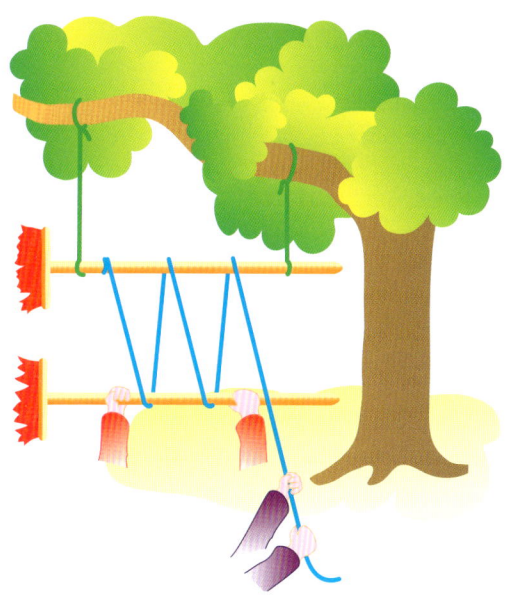

Hängt dazu einen Besenstiel in zwei stabilen Seilschlaufen an einen starken Ast. Achtet darauf, dass der Stiel gerade hängt und nicht aus den Schlaufen rutschen kann. Einer von euch knotet ein nicht zu dünnes Seilende daran fest. Während euer Partner den zweiten Besenstiel waagerecht festhält, schlingt die erste Person das Seil abwechselnd um den unteren und dann wieder um den oberen Besenstiel. Dabei lasst ihr zwischen den beiden Holzstielen einen Abstand von etwa einem halben Meter. Nachdem ihr das Seil viermal umgewickelt habt, hört ihr auf, wenn es um den oberen Stiel gezogen ist.

Nun wird es spannend: Euer Partner hängt sich mit seinem ganzen Gewicht an den unteren Besenstiel. Ihr könnt ihn jetzt hochziehen, indem ihr an dem freien Seilende zieht. Je öfter das Seil zwischen den beiden Besenstielen gewickelt wurde, desto leichter wird es für denjenigen, der zieht. Probiert das aus, indem ihr das Seil unterschiedlich oft herumwickelt.

Na dann, spuckt in die Hände!

FARBSCHLEUDER

Das braucht ihr: *Salatschleuder mit Deckel, weißes Papier, verschiedene Farben (z. B. Fingerfarben, Abtönfarben), Pinsel, Karton, kleine dünne Styropor®-Platte, Bastelkleber, Schere, Stecknadeln*

Wer ein schönes Bild malen möchte, nimmt dafür meist Pinsel und Farbe zur Hand. Manchmal reichen auch die Finger. Man kann aber auch auf lustige und ganz ungewöhnliche Weise bunte Gemälde schaffen. Dabei ist jedes für sich ein einmaliges und überraschendes Kunstwerk. Probiert es aus, Spaß macht es auf jeden Fall!

Als Erstes besorgt ihr euch eine Salatschleuder aus Kunststoff, die einen Siebeinsatz hat und mit einem Deckel verschlossen wird. Ob sich das Sieb durch eine Kurbel drehen lässt oder durch einen Seilzug, ist egal. Diese Haushaltshelfer kosten nicht viel, und es gibt sie in jedem größeren Supermarkt.

Um das Papier, das bemalt oder „beschleudert" werden soll, platzieren zu können, bastelt ihr dafür zuerst eine kleine Vorrichtung. Stellt den inneren Siebeinsatz auf euren Karton und zeichnet mit einem Bleistift einmal um den Boden herum. Anschließend schneidet ihr diesen Kreis aus. Eure Styropor®-Platte, die kleiner als der Pappkreis sein muss, wird mit Kleber darunter befestigt. Legt die Pappscheibe so in den Siebeinsatz, dass das Styropor® nicht sichtbar ist. Jetzt könnt ihr ein weißes Blatt Papier darauflegen. Mit Stecknadeln, die ihr durch die Pappe in das Styropor® stecht, könnt ihr es befestigen. Gleich den Siebeinsatz wieder in die Schleuder stellen, dann kann es losgehen!

Auf das Papier kleckst ihr einige dicke Tropfen Farbe. Nehmt am Anfang nicht zu viele unterschiedliche Töne, sondern probiert die Wirkung erst einmal in einigen Versuchen aus. Jetzt setzt ihr die Schleuder in Gang und lasst das Sieb eine kurze Zeit wild rotieren. Nachdem die Schleuder wieder zum Stillstand gekommen ist (und bitte wirklich erst dann!), öffnet ihr den Deckel und begutachtet das Ergebnis. Seid ihr davon noch nicht überzeugt, kippt ihr einen Klecks neuer Farbe dazu und wiederholt den Vorgang.

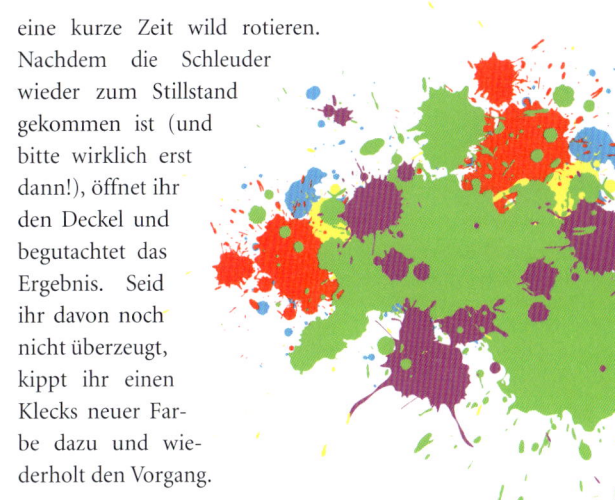

Erst wenn euch das Ergebnis gefällt, nehmt ihr das Papier aus der Schleuder und lasst es flach liegend trocknen. Nach einigen Durchgängen werdet ihr bemerken, dass kein Bild dem anderen gleicht. Jedes ist komplett anders!

Es kann sein, dass die Pappscheibe im Laufe eures Experimentes zu sehr bekleckst wird. Das ist kein Problem, denn sie ist schnell gegen eine neue Pappe ausgetauscht.

Wisst ihr übrigens, dass ihr gar nicht viele verschiedene Farben benötigt? Wenn ihr die Grundfarben Rot, Blau und Gelb nehmt, braucht ihr nur noch Weiß und Schwarz. Damit könnt ihr euch selbst alle anderen Farben und Farbtöne anmischen.

Was macht ihr mit euren schönen Bildern? Entweder ihr hängt sie an die Wand, oder ihr klebt sie auf Karten oder Karton auf. Dann könnt ihr sie z. B. für Einladungen oder Glückwünsche benutzen.

BILDER LESEN

Das braucht ihr: schöne Bilder, viel Zeit und Fantasie

Vielleicht habt ihr schon viele interessante und aufregende Dinge aus diesem Buch gebaut und gebastelt. Dann ist es jetzt Zeit, sich ein wenig auszuruhen. Kuschelt euch beide zusammen auf euren Lieblingsplatz und begebt euch auf eine Fantasiereise!

Habt ihr schon die Farbschleuder von Seite 38 ausprobiert und einige schöne Bilder damit geschaffen? Bestimmt sind Bilder dabei, deren Farben auf ihren Mittelpunkt zuzulaufen scheinen. Sucht euch jeder ein Bild aus und erzählt dem anderen eine Geschichte. Sie handelt von dem, was er zu sehen glaubt und was alles geschehen kann …
Natürlich funktioniert das auch mit anderen Bildern.

Stellt euch vor, ihr sitzt in einer Zeitmaschine. Habt ihr sie selbst gebaut oder nur verlassen vorgefunden? Plötzlich ist sie gestartet. Erst langsam und dann immer schneller rast sie durch Raum und Zeit. Nichts ist mehr richtig erkennbar. Wo werdet ihr stoppen? Was werdet ihr erleben? Wie kommt ihr zurück?

Eine andere Geschichte erzählt davon, dass ihr in Käpt'n Nemos Unterseeboot Nautilus unterwegs seid. Immer tiefer taucht ihr dem dunklen Ozeangrund entgegen. Immer seltsamere Meeresbewohner entdeckt ihr neben dem Bullauge. Auf einmal sind alle Tiere schlagartig verschwunden! Warum? Was blitzt da hinten so seltsam? Ungläubig seht ihr, wie sich eine riesige Seeschlange auf die Nautilus zubewegt. Schon ist sie bedrohlich nahe und öffnet ihr riesiges Maul, als …

Spannend, nicht wahr? Ihr werdet staunen, was euch so alles einfällt!

SCHATZKARTE

Das braucht ihr: Blatt Papier, Tasse schwarzen Tee, Pinsel, Stifte

Plant ihr zur nächsten Party ein Piratenfest und der Höhepunkt der Feier soll eine Schatzsuche sein? Dazu fehlt nur noch eine Schatzkarte, die ihr natürlich selbst bastelt.

Piraten gab es vor langer Zeit. Deshalb muss auch die Schatzkarte entsprechend alt aussehen. Bereitet euch mit wenig Wasser eine Tasse starken schwarzen Tee zu und lasst ihn kalt werden. Das Blatt Papier wird zerknüllt und wieder glatt gestrichen. Legt es dann auf eine Unterlage, die man abwischen kann (z. B. ein Plastikbrettchen). Mit einem Pinsel streicht ihr den kalten Tee über beide Seiten des Papiers und lasst es trocknen. Mit Ihrer Hilfe, lieber Papa, bekommt der Rand des Blattes mit einem Feuerzeug noch ein paar Brandspuren. Jetzt hat eure Karte die Farbe und das faltige Aussehen von altem Pergament!

Den Text für die Suche schreibt ihr mit einem besonders schönen Stift. Nehmt ihr dafür z. B. einen Goldstift, sieht die Karte noch wertvoller aus.

Den Weg zum Schatz beschreibt ihr mit geheimnisvollen Hinweisen, damit es nicht zu einfach ist, den Fundort zu finden. Ob ihr den Weg mit Pfeilen, Bildern oder mit verschlüsselten Botschaften kennzeichnet, bleibt eurer Fantasie überlassen. Orientiert euch an Punkten, die gut erkennbar sind (z. B. drei einzelne Bäume, ein kleiner Teich). Ein großes X zeigt, wo der Schatz liegt, z. B. eine kleine Kiste mit Goldtalern aus Schokolade.

SCHIFF AHOI!

Das braucht ihr: Bett, 2 Sperrholzplatten ca.
200 cm x 50 cm x 2 cm, Bleistift, Säge, Schrauben,
Schmirgelpapier, Farbe, Pinsel, Strickleiter, Besenstiel, Schellen, Piratenflagge, Dekorationsmaterial
(z. B. Fischernetz, Muscheln, Rettungsring, Steuerrad, kleine Truhen)

Das Thema Piraten begeistert Jungen sehr! Vielleicht seid ihr auch durch den Vorschlag, Schatzkar-
ten zu gestalten, erst richtig auf den Geschmack gekommen. Es gibt viele spannende Piratengeschichten. Die meisten
spielen auf einem Schiff, wo verwegene Schlachten und wilde Sie-
gesfeiern stattfinden. Wer wollte nicht schon einmal selbst der Anführer
der Seeräuber sein, der als Käpt'n das Kommando hat? Mit wenigen
Mitteln könnt ihr ein normales Kinderzimmerbett in ein be-
eindruckendes Piratenschiff verwandeln.

Zuerst entfernt ihr die Matratze, damit
sie nicht schmutzig wird. Für die Sei-
tenwände des Kahns wird auf die
Sperrholzplatten die gewünschte
Schiffsform mit einem oder mehreren
Bullaugen aufgemalt. Dort, wo sich später das
Kopfkissen des Kindes befindet, sollte auf jeden
Fall ein Bullauge sein. Anschließend sägt ihr die-
se Form aus und schleift das Holz schön glatt.

Sicher habt ihr schon eine Vorstellung davon, wie ihr euer Schiff bemalen wollt.
Greift mutig zu Farbe und Pinsel und legt
los! Mit Klarlack versiegelt ihr anschließend die getrocknete
Oberfläche. Schraubt die
Schiffswände seitlich an eurem alten Bett fest, fertig ist
euer Piratenbett!

Seid ihr die glücklichen Besitzer eines Etagenbettes, könnt ihr auch das leicht umbauen. In diesem Fall wird das untere Bett als Kajüte zum Schlafen genommen und das obere zum Spielen an Deck genutzt. Ihr braucht nur eine Sperrholzplatte, da das Hochbett bestimmt an einer Wand steht. Ist der eigentliche Umbau beendet, befestigt ihr an einer Seite des oberen Bettes mithilfe der Schellen den Besenstiel. An diesen

Mast hängt ihr eine selbst gebastelte Piratenflagge. Ein kleines Steuerrad, das ihr z. B. über das Internet besorgen könnt, wird an der vorderen Schiffswand, dem Bug, befestigt. Natürlich hängt seitlich eine Strickleiter herab, über die der Pirat nach oben klettern oder das Schiff verlassen kann.

Damit das Bett einem Schiff noch ähnlicher wird, kommen Fischernetze an die Wände oder an die Zimmerdecke, in die ihr nicht nur Muscheln, sondern auch eure Stofftiere packen könnt. Ist ein Rettungsring vorhanden, dann hängt ihn an die Schiffs- oder Zimmerwand. Auf einem kleinen Wandregal lässt sich alles abstellen, was der Pirat auf See so braucht. Das kann ein Fernrohr oder sein Piratensäbel sein. Eine kleine Truhe ersetzt im Zimmer das übliche Regal und dient als Stauraum für euer Spielzeug.

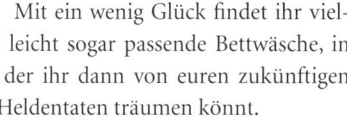

Mit ein wenig Glück findet ihr vielleicht sogar passende Bettwäsche, in der ihr dann von euren zukünftigen Heldentaten träumen könnt. Ahoi, Piraten!

TURMBAUWETTBEWERB

Das braucht ihr: *Klebeband und alles, was sich stapeln lässt*

Aus den vielfältigsten Dingen lassen sich die unterschiedlichsten Türme bauen. Steine, Spielkarten, Bauklötze oder Kartons sind die Gegenstände,

die ihr bestimmt als Erstes dazu genommen hättet. Wie wäre es aber einmal mit einem Wettbewerb der anderen Art: Wer baut den höchsten Turm mit den unterschiedlichsten Sachen aus eurem Haushalt?

Legt gemeinsam zu Beginn dieses witzigen Wettkampfes die Regeln fest. Was darf alles verwendet werden und was nicht? Erlaubt ist, was gefällt und nicht kaputtgehen kann. Ob Bücher, Koffer, Fußhocker oder der Hundekorb – alles ist denkbar. Verzichten solltet ihr dagegen auf Gegenstände aus Glas oder Porzellan. Das erspart nicht nur Ärger, sondern auch Verletzungen. Als Hilfsmittel wird nur dünnes Klebeband benutzt. Seile, Gürtel oder Gummibänder sind zum Zusammenhalten des Turmes nicht erlaubt. Um es noch schwieriger, aber auch spannender zu machen, darf jeder Gegenstand nur ein einziges Mal eingebaut werden. Das bedeutet, ihr dürft jeder nur einen Pappkarton benutzen und eine leere Getränkekiste.

Jeder bestimmt selbst, wann der eigene Turm hoch genug ist. Fällt er vorher um, hat der Erbauer verloren. Habt ihr euch dagegen auf eine feste Zeit geeinigt, darf bis zu deren Ende gebaut werden. Sucht euch einen Bauplatz aus, an dem ihr keinen Schaden anrichten könnt. Die Terrasse, die Garage oder der Keller eignen sich besser als das Wohnzimmer mit der teuren Vitrine.

Auf die Plätze, fertig, los!

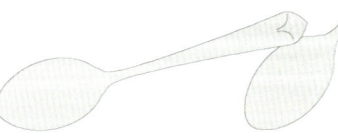

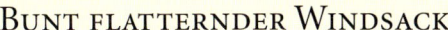

BUNT FLATTERNDER WINDSACK

Das braucht ihr: Kleiderbügel aus Draht, Draht, Zange, mehrere bunte Plastiktüten, Schere, kleinen Holzstab, Paketklebeband

Bestimmt habt ihr schon einmal einen rot-weiß ge-streiften Windsack gesehen, der wie eine schlauchför-mige Fahne an einem Mast weht. Wenn es draußen pfeift und pustet, könnt ihr an ihm erkennen, aus welcher Richtung der Wind kommt. Bastelt euch aus einfachen Materialien euren eigenen bunten Windsack!

Mit der Zange biegt ihr den Kleiderbügel möglichst gerade aus-einander. Seid dabei vorsichtig, damit ihr euch an den spitzen Enden nicht verletzt! Aus dem Draht formt ihr einen Kreis, der etwa die Größe eines Kuchentellers hat. Die überstehenden Enden wickelt ihr um den Kreis he-rum, dadurch wird er noch stabiler.

Trennt eure Plastiktüten mit der Schere an den Kantennähten entlang auf. Aus einer besonders bunt gemusterten Tüte schneidet ihr ein Stück aus, das 70 x 70 Zentimeter groß ist. Messt vom unteren Rand 30 Zentimeter ab und schneidet von dort nach oben an beiden Seiten ein Stückchen Tüte schräg ab. Die Form sollte an ein Häuschen erinnern. Legt den Drahtring auf den unteren breiten Rand und befestigt ihn mit Klebeband. Es entsteht ein Schlauch, dessen offene Seite ihr von innen zuklebt.

Aus den anderen Tüten schneidet ihr jetzt viele schmale Streifen, die unterschiedlich lang sein können. Deren Enden legt ihr dicht nebeneinander auf ein Stück Klebe-band, das ihr zum Schluss in der schmale-ren Öffnung des Windsacks befestigt.

Mit einem kurzen Drahtbügel verankert ihr den fertigen Windbeutel an dem Holzstab. Steckt ihn draußen in die Erde und beobachtet, aus welcher Richtung der Wind weht.

FUSSBALLFAN-T-SHIRT

Das braucht ihr: *T-Shirt, verschiedene Textilfarben, Textilfarbstift, Bügeleisen*

Ob groß oder klein, echte Fußballfans wollen ihrem Verein so nahe wie möglich sein. Bei Heimspielen im Stadion fiebern sie mit ihren Helden genauso mit wie bei der Übertragung im Fernsehen. Natürlich kann man Fanartikel auch kaufen, aber ein selbst bemaltes T-Shirt ist für den Fan besonders wertvoll und persönlich!

Das Shirt vom Lieblingsverein trägt man im Stadion bei jedem Wetter. Denkt daran, wenn ihr euch das Hemd besorgt! Es ist besser, wenn es zwei Nummern größer als normal ist, dann passt auch bei Bedarf eine warme Jacke darunter. Lange oder kurze Ärmel sind Geschmackssache.

Jeder Fan kennt das Vereinslogo mit seinen Farben so gut, dass er es mit verbundenen Augen zeichnen könnte, stimmt's? Ist man z. B. ein Fan des HSV, malt ihr auf die Brust eures Shirts eine große Vereinsfahne mit blauem Untergrund und schwarz-weißem Viereck. Zwei kleinere Ausführungen kommen auf die Ärmel, wenn vorhanden. Über das Brustlogo und auf die Rückseite malt ihr den Schriftzug HSV. Jetzt ist klar, um wen es hier geht!

Habt ihr einen absoluten Lieblingsspieler, prangen seine Trikotnummer und sein Name auf eurem Rücken. Der Knüller wäre, wenn er euch das Kleidungsstück in einer Autogrammstunde auf beiden Seiten signiert! Möchtet ihr das T-Shirt noch weiter verschönern, schreibt besondere Daten oder Ereignisse darauf, z. B. „Deutscher Meister 1983". Mit einem warmen Bügeleisen fixiert ihr die Farben, damit sie die Waschmaschine überstehen.

Auf ins Stadion!

INDIVIDUELLES TÜRSCHILD

TIM

Das braucht ihr: Sperrholz (5 mm stark), Laubsäge, mehrere Sägeblätter, Blatt Papier, Blatt Kohlepapier, Bleistift, Schmirgelpapier, verschiedene Farben, farblosen Lack, mehrere Pinsel, Klebeband

M Schon an der Tür zum Kinderzimmer soll klar sein, wessen Reich das ist! Bastelt euch darum ein lustiges Türschild mit eurem Namen darauf!

Es gibt viele Motive, die man dafür aussuchen kann. Wenn ihr tierlieb seid und z. B. der Pandabär euer Liebling ist, möchtet ihr vielleicht ein Bild von ihm als Vorlage für das Schild nehmen.

Zeichnet einen ersten Entwurf von dem Bären auf ein Blatt Papier. Dabei sind jetzt nur die äußeren Konturen des Tieres wichtig, die die Größe des Schildes vorgeben. Für Anfänger sollte das Motiv nicht zu viele Spitzen und Ecken haben. Ist der Entwurf gelungen, übertragt ihr ihn mithilfe des Kohlepapiers auf das Sperrholz. Dazu legt ihr eure Zeichnung über das Durchschlagpapier und zieht jede Linie mit Druck nach.

A

X Mit der Laubsäge sägt ihr vorsichtig und langsam an der Außenlinie entlang. Es ist wichtig, dass das dünne Sägeblatt dabei immer aufrecht steht, denn sonst bricht es schnell durch und muss ausgewechselt werden. Nach dem Sägen schmirgelt ihr alle Kanten sauber, bis sie schön gleichmäßig sind.

Mit weißer Farbe grundiert ihr euren Panda. Nach dem Trocknen zeichnet ihr die übrigen Konturen auf und malt den Bären nach eurem Geschmack fertig aus. Auf die Bauchmitte schreibt ihr euren Namen.

Nach dem Lackieren kann das Schild mit einem Stück Klebeband an eurer Tür befestigt werden.

LEON

DAUMENKINO

Das braucht ihr: *kleinen Notizblock, 2 Blatt Papier, Bleistifte*

Was unterscheidet einen Film von einem Daumenkino? Im Prinzip nichts! Jeder Film besteht aus ganz vielen fotografierten Einzelbildern, die sich nur sehr wenig voneinander unterscheiden. Werden sie schnell hintereinander gezeigt, kann das menschliche Gehirn die einzelnen Bilder nicht mehr trennen und setzt sie zu einer Bewegung zusammen. Das bedeutet, dass sich die Bilder nicht wirklich bewegen, sondern ihr beim Betrachten nur die Illusion davon habt.

Dieses Prinzip funktioniert auch bei einem Daumenkino. Selbst wenn ihr keine großen Zeichenkünstler seid, macht es Spaß, euren eigenen kleinen „Film" zu basteln.

Für den ersten Versuch reichen zwei kleine Bögen Papier aus. Zeichnet in den unteren Teil des ersten Blattes ein einfaches stehendes Strichmännchen, das etwas krumme Beine hat. Auf das zweite Blatt malt ihr dieses Männchen etwas höher mit geraden Beinen ein. Jetzt blättert ihr die beiden Seiten so schnell hin und her, dass beide Zeichnungen in einem schnellen Wechsel hintereinander zu sehen sind.

Na, erstaunt? Plötzlich seht ihr ein hüpfendes Männchen! Natürlich ist die Bewegung sehr einfach und holprig. Aber je mehr Einzelzeichnungen ihr anfertigt, desto flüssiger wird der Bewegungsablauf zu sehen sein.

Euer zweiter Versuch soll das zeigen. Denkt euch zuerst eine kleine ganz einfache Geschichte aus, die ihr zeichnen wollt. Das könnte z. B. ein Hund sein, der von links ins Bild kommt, sich eine Wurst schnappt, die auf dem Boden liegt, und rechts verschwindet. Oder es kommt ein Mann ins Bild, der auf dem Kopf einen Hut trägt, den der Wind davonträgt. Vielleicht lasst ihr auch zwei Männchen mit einem Fußball immer hin und her schießen. Ideen gibt es viele. Ihr müsst euch nur entscheiden.

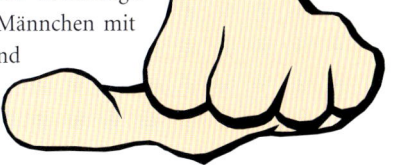

Ihr beginnt auf der ersten Seite eures kleinen Blockes, der mindestens 30 Seiten haben sollte. Als Beispiel nehmen wir eine kleine Sonnenblume, die welk in der Mittagssonne im Blumentopf

steht. Der Standort des Blumentopfes und der Sonne wird sich auf den nächsten Seiten nicht verändern, ihr müsst beides deshalb auf allen Seiten an die gleiche Stelle setzen. Drei, vier Bilder lang ändert sich nichts, vielleicht sieht man einige Schweißtropfen an der armen Pflanze. Dann kommt eine Gießkanne, die die

Blume mit Wasser versorgt. Für diesen Teil braucht ihr jetzt mehrere Einzelzeichnungen, damit die Veränderungen nicht zu grob werden. Die Kanne erscheint von oben, neigt sich und gießt schließlich das Wasser über die Blume. Langsam richtet diese sich wieder auf und strahlt. Teilt euch den Inhalt über die etwa 30 Seiten des Blockes schon in Gedanken ein. Weniger Seiten sollten es nicht sein, mehr dürfen es immer werden!

Sind alle Zeichnungen fertig, fasst ihr mit der linken Hand den oberen Rand des Blockes fest an. Mit dem rechten Daumen blättert ihr schnell über die Seiten. Viel Spaß mit eurem eigenen Kinofilm!

MÜNZTRICKS

Das braucht ihr: *mehrere Geldstücke,
Zauberzylinder, Tuch, leere Flasche*

Abrakadabra! Liebt ihr die Zauberei? Bei den
folgenden Münztricks handelt es sich um
ein paar einfache Kunststücke, mit denen ihr bei eurer nächsten Vorstellung das
Publikum „zauberhaft" unterhalten könnt!

Möchtet ihr als Magier vor einem Publikum auftreten, solltet ihr vorher
einige Punkte beachten.

1. Jeder Trick muss sehr oft geübt werden, bevor ihr ihn vorführt. Vor einem
   großen Spiegel könnt ihr beim Einstudieren am besten kontrollieren, ob
   alles klappt.
2. Haltet Abstand zu eurem Publikum. Damit die Leute eure Tricks nicht
   zu schnell erraten können, sollten sie in einem Abstand von mindestens
   2,5 Metern vor euch sitzen.
3. Passt auf euer Zauberwerkzeug gut auf, damit kein Neugieriger es un-
   erlaubt untersucht!
4. Probiert ein paar eindrucksvolle Gesten aus und überlegt euch einige
   geheimnisvolle Zaubersprüche.
5. Ein gutes Kostüm ist die halbe Show!

Drei Münzen im Hut

Für diesen Trick braucht ihr drei verschiedene
Münzen und einen Hut. Besonders edel wirkt
natürlich ein Zylinder. Legt die Münzen auf den
Tisch und bittet einen Zuschauer, nach vorn zu
kommen, damit er sich eine Münze aussuchen
kann. Während der Zauberer vor der Tür wartet, zeigt der Zuschauer dem restlichen Publikum die gewählte Münze. Er nimmt sie an-
schießend fest in die Hand, während der
Künstler draußen beschwörende Worte

spricht, um telepathischen Kontakt zu der Münze aufzunehmen. Hat der Zuschauer alle drei Taler in den Hut geworfen, kommt der Zauberer wieder herein. Er greift in den Hut und holt die richtige Münze heraus!

Auflösung: Dadurch, dass die Münze fest in der Hand gehalten wurde, ist sie wärmer als die anderen beiden. Das kann man leicht fühlen!

Die tanzende Münze

Ihr braucht eine leere Limoflasche aus Glas und eine Münze, die genau auf den Flaschenhals passt. Legt sie darauf und umfasst den Flaschenhals fest mit beiden Händen. Unter euren Zaubersprüchen beginnt die Münze plötzlich zu tanzen.

Auflösung: Stellt die Flasche für etwa 15 Minuten in den Kühlschrank. Streicht mit einem Finger unbemerkt etwas Spucke auf den Flaschenhals, bevor ihr das Geldstück darauflegt. So ist die Flasche luftdicht verschlossen. Durch die Wärme eurer Hände dehnt sich die kalte Luft in der Flasche aus. Sie will nach oben entweichen und hebt die Münze dabei an.

Die verschwundene Münze

Der Zauberer legt eine Münze in seine Hand und verdeckt sie mit einem Tuch. Nachdem verschiedene Zuschauer sich durch Ertasten davon überzeugt haben, dass sie an ihrem Platz ist, spricht er eine magische Formel, und die Münze ist verschwunden!

Auflösung: Hier braucht ihr einen eingeweihten Helfer. Nachdem mehrere Leute die Münze kontrolliert haben, geht der Zauberer zu ihm. Der Helfer bestätigt allen, dass die Münze noch da ist, nimmt sie aber selbst weg und behält sie in seiner Hand.

ABRAKADABRA!

PAPPMASCHEE-MONSTER

Das braucht ihr: *Zeitungs- und Klopapier, Klebeband, Tapetenkleister, leere Papprollen, verschiedene Farben und Pinsel, Heißklebepistole*

Wenn ihr Spaß am Matschen habt, dann ist ein Monster aus Pappmaschee zu basteln das Richtige für euch!

Rührt zuerst den Tapetenkleister nach Vorschrift mit Wasser an und lasst ihn quellen. Inzwischen knüllt ihr für den Kopf und den Körper des Monsters Zeitungspapier fest zusammen und umwickelt es mit dem Klebeband. Die Beine werden aus leeren Klopapierrollen geformt. Mit der Heißklebepistole verbindet ihr die einzelnen Teile grob miteinander.

Aus dem Klopapier reißt ihr einzelne Fetzen, die ihr in den Kleister taucht. Danach beklebt ihr eure Figur damit, bis Kopf und Körper komplett bedeckt sind. Nase und Ohren werden aus diesen Streifen ebenso geformt und befestigt wie andere Einzelheiten, z. B. Schnauze, Zähne, Hörner, Krallen, Schwanzschuppen usw.

Beklebt mit dem Kleisterpapier gut die Übergänge der einzelnen Teile, damit die Figur später nicht bricht. Eine Lage Papier reicht als Hülle absolut nicht aus, drei oder vier solltet ihr schon auftragen. Die letzte Schicht besteht aus großen Stücken Klopapier, die ihr auf der Figur mit Kleister schön glatt streicht. Natürlich könnt ihr die Oberfläche der Monsterhaut so fantasievoll gestalten, wie ihr wollt.

Nach dem gründlichen Trocknen bemalt ihr euer Kunstwerk monstermäßig. Eine Schicht Klarlack schützt die wilde Kreatur vor Feuchtigkeit.

Wer gruselt sich jetzt vor seinem eigenen Ungeheuer?

PAPA ALS KOCH

Füttern erwünscht!

Das braucht ihr: 2 große Geschirrtücher als Lätzchen, Augenbinde, 2 Löffel, Köstlichkeiten

Manchmal macht es einfach Spaß, so richtig herumzuferkeln! Habt ihr Lust einmal auszuprobieren, wie witzig es sein kann, sich gegenseitig zu füttern?

Es gibt einen Löffel für Papa und einen Löffel für Junior. Jeder von euch bindet sich am besten ein großes Geschirrtuch als Lätzchen um, damit die Kleidung nicht schmutzig wird. Eins ist nämlich ganz sicher: Es wird so einiges danebengehen!

Stellt euch vor, dass Papa nicht essen möchte, und der Sohn ihn während des Fütterns dazu überreden muss. Dieser Rollentausch ist vielleicht eine interessante Erfahrung für den Filius, denn meist ist wahrscheinlich er es, der etwas nicht mag und nicht probieren will. Jetzt muss er sich Argumente ausdenken, die den Papa zum Kosten verführen könnten. Werden die Rollen anschließend getauscht, hat Sohnemann bestimmt doppelt Spaß, sich bockig anzustellen.

Schwieriger, aber auch lustiger wird es, wenn der Fütterer die Augen verbunden bekommt. Dann muss er den Mund des anderen auf Zuruf finden. Klar, dass da nicht jeder Löffel sofort sein Ziel findet! Passt bitte auf, dass ihr mit dem Besteck nicht die Augen eures Mitspielers verletzt! Die eigentliche Gefahr ist aber, dass ihr vor Lachen gar nicht mehr essen könnt!

Diese Idee lässt sich auf dem nächsten Geburtstag auch als Teamspiel gestalten. Die Mannschaft hat gewonnen, die sich mit verbundenen Augen zuerst gegenseitig mit einem Krapfen gefüttert hat.

KLASSISCHE KARAMELLBONBONS

Das braucht ihr: 3 EL Butter, 2 EL Honig, 1 EL Vanillezucker, 12 EL Zucker, 3 EL Sahne, flache Auflaufform, beschichtete Pfanne, langen Holzspatel, scharfes Messer, Brettchen

Echte Karamellbonbons sind ein Traum. Weich und süß zerschmelzen sie im Mund – ein Genuss! Es ist nicht schwer, diese Köstlichkeit selbst herzustellen und das Ergebnis ist umwerfend lecker.

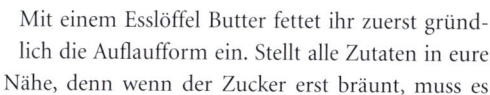

Mit einem Esslöffel Butter fettet ihr zuerst gründlich die Auflaufform ein. Stellt alle Zutaten in eure Nähe, denn wenn der Zucker erst bräunt, muss es schnell gehen. Schmelzender Zucker wird sehr heiß! Achten Sie darauf, lieber Papa, dass sich niemand verbrennt.

In der Pfanne werden die Butter und der Honig zerlassen. Unter Rühren fügt ihr den mit dem Vanillezucker vermischten Zucker hinzu. Bald beginnt die Mischung zu kochen und zu schmelzen. Dabei dürft ihr nicht aufhören zu rühren. Hat sich der Zucker komplett aufgelöst, dreht ihr die Temperatur des Herdes etwas herunter. Jetzt gießt ihr vorsichtig die Sahne in die Pfanne. Das wird zischen und blubbern. Achtung: Spritzgefahr!

Wenn die Masse eine hellbraune Farbe bekommen hat, gießt ihr sie in die eingefettete Form. Lasst sie so weit abkühlen, dass ihr euch nicht mehr daran verbrennt. Stürzt die Masse auf das Brettchen. Mit einem scharfen Messer schneidet ihr den Block in kleine Bonbons. Das geht gut, wenn ihr zwischendurch das Messer reinigt.

UND JETZT: MMH!

KÜHLE COCKTAILS FÜR HEISSE TAGE

Puh, diese Hitze! Da sehnt man sich nach einem leckeren kühlen Getränk. Wenn ihr im Sommer schwitzt, verliert euer Körper Flüssigkeit. Da ist es besonders wichtig, mehr zu trinken als sonst. Süße Limonade schmeckt zwar gut, aber sie löscht nicht den Durst, dafür eignet sich Mineralwasser besser. Das ist natürlich nicht so der Geschmacks-Hit. Hier kommen die Rezepte (jeweils für ein Glas) für köstliche und gesunde Alternativen:

Was ihr alles zum Mixen braucht und wie ihr die Gläser hübsch dekoriert, erfahrt ihr auf der Seite 58.

Bananenmilch
Das braucht ihr: reife Banane, 1 Msp. Vanillezucker, 1 TL Puderzucker, Spritzer Zitronensaft, 125 ml kalte Milch, Standmixer

Alle Zutaten im Standmixer pürieren, bis eine Flüssigkeit entsteht. Die fertige Milch in ein hohes Glas gießen und mit einem Strohhalm servieren. Besonders lecker schmeckt es, wenn ihr noch einen Esslöffel Vanilleeis in den Mixer gebt. Dafür könnt ihr den Zucker komplett weglassen.

Im Sommer sind viele Beeren reif. Für dieses Rezept könnt ihr auch Himbeeren, Heidelbeeren oder Erdbeeren nehmen.

Eisschokolade
Das braucht ihr: 1 knappes Glas Milch, 2 EL Kakaopulver, 1 Kugel Vanilleeis, etwas Schlagsahne, Schoko-raspeln

Rührt das Kakaopulver in das Glas Milch und stellt es kalt. Vor dem Trinken gebt ihr das Eis dazu. Dekoriert das Ganze mit einem Tupfer Sahne und Schokoraspeln. Strohhalm und langen Löffel für das Eis nicht vergessen!

Eistee mit frischen Zitronen oder Limetten
Das braucht ihr für ca. 1 Liter Eistee: 2 Beutel Zitronenmelissentee, 4 unbehandelte Zitronen oder Limetten, 100 g Zucker (nach Geschmack mehr)

Den Zucker und 50 Milliliter frisch ausgepressten Zitronen- oder Limettensaft in einem Liter Wasser aufkochen lassen, bis sich der Zucker aufgelöst hat. Gebt den Zitronenmelissentee hinzu und stellt die Kochplatte ab. Nach vier Minuten hat der Tee genug gezogen und kann vorsichtig durch ein Sieb in eine Kanne gegossen werden. Lasst den Tee zunächst etwas abkühlen und stellt ihn später in den Kühlschrank. Der Eistee wird mit Zitronen- oder Limettenscheiben serviert.

Wächst in eurem Garten Zitronenmelisse, könnt ihr sie auch frisch verwenden. Zupft ein paar Blätter ab, spült sie kurz unter kaltem Wasser ab und gebt sie dann – statt des gekauften Tees – in das Zitronenwasser.

Erfrischender Joghurtdrink
In südlichen Ländern ist es im Sommer noch viel heißer als bei uns. Dort löscht man seinen Durst oft mit Getränken aus Joghurt.

Das braucht ihr: 75 g Naturjoghurt, 50 ml Apfelsaft, Spritzer Zitronensaft, 1 EL flüssigen Honig oder Karamellsirup

Vermischt alle Zutaten gründlich in einem Standmixer. Dann stellt ihr den Drink bis zum Servieren in den Kühlschrank. Einfach, oder?

Natürlich könnt ihr diesen Cocktail auch mit Erdbeeren oder Himbeeren, Bananen oder Orangensaft zubereiten.

Und jetzt: Lasst es euch schmecken!

Leckere Cocktails in hübsch dekorierten Gläsern sehen toll aus! Es ist gar nicht schwierig, diese Köstlichkeiten selbst zuzubereiten. Schon mit wenigen Zutaten und ein bisschen Fantasie entstehen traumhafte Drinks. Ein paar Rezepte für den Einstieg findet ihr auf Seite 56.

Cocktail heißt übersetzt Hahnenschwanz. Die Getränke sind ebenso bunt gemixt wie die Federn bei einem Hahn. Um die Zutaten zu zerkleinern und zu vermischen, benötigt ihr einen Standmixer. Auch ein Sieb, ein Rührbecher und hübsche Gläser in verschiedenen Größen sollten vorhanden sein.

Die Grundlage vieler Drinks sind Obstsäfte. Orangen-, Aprikosen-, Zitronen-, Bananen- und Apfelsaft sind nur einige davon. Aber auch pures püriertes Obst (z. B. Erdbeeren und Himbeeren) kann für erfrischende Getränke benutzt werden. Damit es nicht zu süß wird, verdünnt ihr die Cocktails je nach Rezept mit Mineralwasser, Milch oder Tee. Wo es andersherum nötig ist, wird sparsam mit Zucker, Sirup (gibt es in vielen Geschmacksrichtungen) oder Honig gesüßt.

Eine hübsche Dekoration ist die „Eiskruste". Dazu streut ihr ein wenig Zucker auf eine Untertasse. Taucht den Rand eines Glases zuerst in Zitronensaft und dann in den Zucker. Auf den Rand des Glases könnt ihr zusätzlich Obststückchen (z. B. Ananas) stecken.

Holzsspießchen mit frischem Obst als Verzierung sehen besonders appetitlich aus, wenn ihr verschiedene Sorten und Farben wählt.

Kleine Papierschirme, bunte Strohhalme oder Figuren zum Umrühren ergänzen eure Dekoration perfekt!

Mit Stäbchen essen

Das braucht ihr: ein paar Essstäbchen und Geduld

In den meisten Ländern Asiens wird statt mit Messer und Gabel mit Stäbchen gegessen. Alle Zutaten sind so klein geschnitten, dass anderes Besteck nicht nötig ist. Nur mit den beiden Hölzchen werden die Happen gegriffen und in den Mund „geschaufelt". Wenn ihr gerne asiatisch esst, möchtet ihr das vielleicht wie ein echter Chinese können. Zu kompliziert, denkt ihr? Mit ein wenig Übung und Geduld lernt ihr es schnell!

Legt ein Stäbchen mit dem dickeren Ende in die breite Falte zwischen Daumen und Zeigefinger, während die dünne Spitze zum Teller zeigt. Die Mitte des Hölzchens liegt auf dem vorderen Teil eures Ringfingers auf. Der Daumen klemmt das Stäbchen zusätzlich fest, sodass es sich nicht mehr bewegen kann. Das zweite Hölzchen wird von den Fingerspitzen von Daumen, Zeige- und Mittelfinger wie ein Stift gehalten. Jetzt könnt ihr das Besteck wie eine Zange oder eine Pinzette bewegen.

Achtet darauf, dass beide Stäbe gleich lang aufeinanderliegen. So lassen sich größere Stückchen besser greifen. In einigen Ländern wird mit diesem Besteck sogar Suppe gegessen! Bei klarer Brühe funktioniert das eher nicht, aber ihr könnt es gerne versuchen.

Wenn ihr feiner Etikette gemäß speisen wollt, solltet ihr die Stäbchen nach dem Essen mit den Spitzen auf den Teller legen. Damit auf andere Leute zu zeigen, gehört sich natürlich nicht. Das macht ihr mit der Gabel ja auch nicht!

Heute hat der Kunststoff aus hygienischen Gründen die Holzstäbchen abgelöst. Wer Lust hat, kann sich aber ein Paar selbst schnitzen.

Kómban wá! Das heißt „Guten Appetit" auf Japanisch.

TISCHLEIN, DECK DICH!

Das braucht ihr: große Auswahl eurer Lieblingsgerichte, Geschirr und Besteck

Was esst ihr am liebsten? Kartoffelbrei, Vanilleeis, Marmeladenbrot, Pfannkuchen oder Spaghetti? Frikadellen, Fischstäbchen, Wackelpudding oder Nudelsalat? Oft gibt es gleich mehrere Lieblingsgerichte, und wenn man sich für eines entscheiden muss, fällt die Wahl schwer.

Wie wäre es, wenn ihr euch gar nicht entscheiden müsstet, sondern einfach alles, was euch schmeckt, zu einer einzigen Mahlzeit haben könntet? Fantastisch, das reinste Schlaraffenland!

Gönnt euch doch einmal einen Schlaraffenland-Tag! Das ist etwas für die ganze Familie, also findet heraus, wann alle zu Hause sind und welche die Lieblingsgerichte der Familienmitglieder sind. Erstellt eine Liste mit allen Essenswünschen und schreibt anhand dieser Liste einen Einkaufszettel. Klar ist, dass alle helfen müssen, nicht nur beim Einkaufen, sondern auch hinterher beim Kochen. Denn so ein Essen mit vielen verschiedenen Speisen macht viel mehr Arbeit, als nur eine einzige auf den Tisch zu bringen. Vielleicht sind einige Dinge dabei, die ihr einen Tag eher vorbereiten könnt. Macht euch keine Gedanken darüber, ob so unterschiedliche Lebensmittel überhaupt zusammenpassen. Das spielt am Tischlein-deck-dich-Tag nämlich keine Rolle. Nur weil ihr sonst keine Würstchen zusammen mit Himbeerquark esst, heißt das noch lange nicht, dass es nicht wunderbar schmeckt. Was immer ihr mögt, es darf auf den Tisch. Probiert ruhig die verrücktesten Kombinationen aus. Fröhliches Schmausen!

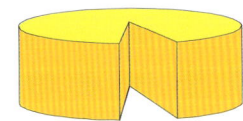

GRUSELBOWLE

Das braucht ihr: 3 Flaschen Zitronenlimonade, 1 Flasche
roten Traubensaft, Gummihandschuh ohne Beschichtung,
1 Dose Litschis, Kirschen, Lebensmittelfarbe, bunte Gummischlangen, Bowletopf oder große Glasschüssel, Gläser

Es ist Halloween! Ketten klirren, Gespenster huschen über die Straßen und
klingeln an fremden Haustüren. Grausige Gestalten ziehen um die Häuser
und fordern „Süßes oder Saures". Oder sie sind auf dem Weg zu
einer schaurigen Halloween-Party. Plant ihr selbst eine Feier,
dann ist eine gespenstische Dekoration Pflicht! Und auch das
Buffet sollte schön unheimlich sein. Die Gruselbowle ist dabei
sicher der Hit!

Füllt dazu einen Tag, bevor ihr die Bowle anbieten wollt, einen
umgedrehten Gummihandschuh mit rotem Traubensaft. Knotet
ihn gut zu und legt ihn in das Gefrierfach. Schüttet die Zitronen-
limo in ein Bowlegefäß oder in eine große Glasschüssel. Jetzt wird es
echt gruselig! Färbt die Limo mit Lebensmittelfarbe grauenhaft blau oder
furchterregend grün ein. Kurz vor dem Servieren schneidet ihr den Gummihandschuh auf und lasst die eisige blutrote Hand in die Bowle gleiten.

Fehlen nur noch eklige Augen. Öffnet die Dose Litschis.
Die Litschis haben alle ein Loch in der Mitte. Steckt in
jede Frucht eine Kirsche. Wenn ihr sie dann
in die Bowle gebt, sieht es so aus, als ob
viele Augen darin schwimmen würden.

Zum Schluss hängt ihr die
Gummischlangen in die
Gläser. Dann könnt
ihr servieren.

Wem da nicht schaurig
zumute wird …

Das braucht ihr: Brot oder Brötchen, Aufschnitt und Käse nach Wahl, Butter und Remoulade, Rohkost, hart gekochtes Ei, 2 EL Quark, Kiwi, Weintrauben, Banane, Kresse, Petersilie

Mit etwas Liebe, Fantasie und ein paar Zutaten lässt sich ein schlichtes Brot in ein Kunstwerk verwandeln. Es sieht nicht nur lustig aus, sondern schmeckt auch richtig toll. Und gesund ist es auch noch!

Brot Paule

Legt auf eine mit Butter beschmierte Brötchenhälfte eine runde Scheibe Wurst. Radieschenscheiben kommen als Augen und Feldsalat als wilde Mähne darauf. Für den Grinsemund nehmt ihr einen Streifen rote Paprika und als Nase ein Stückchen Möhre.

Brot Maxe

Bestreicht eine Scheibe Brot dünn mit Remoulade und belegt sie mit einer Scheibe Käse (besonders lecker und mild: junger Gouda). Der Haarschopf besteht hier aus Kresse, Eierscheiben werden zu Augen. Halbierte Gurkenscheiben bilden die Augenbrauen. Ein Tomatenschnitz wird der lachende Mund.

Brot Ernie

Auf eine Scheibe Brot streicht ihr Quark. Schneidet eine geschälte Kiwi und eine Banane in Scheiben und setzt sie an die Stellen für Augen und Mund. Eine Weintraube bildet die Nase. Ernie bekommt Haare aus Petersilie.

Brot Mäusi

Auf ein Butterbrot setzt ihr als dicke Nase eine Scheibe Gurke mit einer halben Kirschtomate darauf. Zwei Möhrenscheibchen bilden die Ohren. Ein kleines Stückchen Gurke wird das Schnäuzchen.

Guten Appetit!

WILDES WIKINGERMAHL

Das braucht ihr: *großes Handtuch, eure Lieblings-speisen, saubere Finger*

Die alten Wikinger waren schon raue Gesellen! Sommer wie Winter stiefelten sie nur mit Fellen und Helmen bekleidet durch die karge Landschaft. Meistens waren sie aber mit ihren Schiffen unterwegs, um neue Länder zu entdecken, und prügelten sich wild brüllend mit ihren Feinden. Davon bekamen sie ordentlich Hunger! Deshalb gab es nach der Schlacht für alle Wikinger ein großes Gelage, bei dem es auch nicht direkt fein zuging. Ob es wohl Spaß gemacht hat, nur mit den Fingern zu essen? Findet es selbst heraus!

Ein schöner Sommertag, an dem man draußen essen kann, eignet sich dafür am besten. Deckt den Tisch ohne Decke oder Sets, sondern stellt die Teller auf das blanke Holz. Heute gibt es Wasser als Getränk, denn auch die Wikinger tranken nicht jeden Tag nur Met. Statt Trinkhörnern nehmt ihr einfach Becher.

Was gibt es zu essen? Wunderbar eignen sich Würstchen oder Hähnchenschlegel. Dazu gibt es Brot. Aber natürlich darf es auch alles andere geben. Als Besteck dienen euch eure sauberen Finger. Langt zu und lasst es euch schmecken! Ihr könnt die Bissen mit den Zähnen von den Knochen abreißen und das Brot in die Soße tunken. Alles ist erlaubt. Es darf mit vollem Mund geredet und gelacht werden. Vielleicht erzählt jemand eine Wikingergeschichte oder einen derben Witz? Man kann euch schmatzen, kauen und sogar rülpsen hören. Zur Zeit der Wikinger galt das als höflich und war ein Zeichen, dass es einem schmeckte! Euren Mund wischt ihr mit dem Handrücken oder dem Handtuch ab, wie es euch gefällt. Wikinger sind keine feinen Damen!

Wetten, dass euch dieses Essen in Erinnerung bleiben wird? Haut rein, Männer!

Pizza!

Das braucht ihr für den Teig: Schüssel, 250 g Quark, 250 g Mehl, 1 Ei, 1 TL Salz, 1 TL Zucker, 3 EL Olivenöl, 1 TL Backpulver, eingefettete Springform mit 26 cm Durchmesser

Das braucht ihr für die Tomatensoße: Schneidebrettchen, Küchenmesser, Pfanne, Kochlöffel, große Dose geschälte Tomaten, je 2 EL Tomatenmark und Ketchup, große Zwiebel, 4 EL Olivenöl, Knoblauchzehe, 1 TL Oregano, Salz, Pfeffer

Das braucht ihr für den Belag: alles, was ihr gern esst, verschiedene Käsesorten

Es gibt Pizza! Wenn dieser Ruf durch das Haus schallt, kommen alle schnell zum Essen. Gehört Pizza auch zu euren Lieblingsgerichten? Dann probiert einmal das folgende Rezept aus, denn frisch und selbst gemacht schmeckt die Mafiatorte am besten.

Schon seit Jahrtausenden essen Menschen in vielen Ländern der Erde Pizza in unzähligen Variationen. In Deutschland ist sie erst seit 50 Jahren so beliebt. Das Grundrezept hat sich bis heute nicht verändert. Auf einen Teigfladen kommen Tomatensoße, Belag und Käse. Im heißen Ofen wird alles schön knusprig gebacken.

Pizza wird häufig mit Hefeteig gemacht. Viel unkomplizierter und genauso lecker ist Quark-Öl-Teig. Dazu gebt ihr Quark, Salz, Zucker, Olivenöl, Mehl und Backpulver in eine Schüssel. Jetzt braucht ihr eure Muskeln! Mindestens fünf Minuten lang müsst ihr den Teig gut durchkneten. Danach formt ihr daraus eine Kugel und legt sie für eine Stunde in den Kühlschrank.

Für die Pizzasoße schält ihr die Zwiebel und die Knoblauchzehe und schnippelt alles schön klein. Musstet ihr beim Zwiebelschälen weinen? Macht nichts, das passiert selbst den Profiköchen!

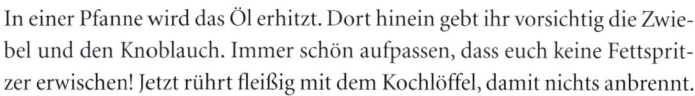

In einer Pfanne wird das Öl erhitzt. Dort hinein gebt ihr vorsichtig die Zwiebel und den Knoblauch. Immer schön aufpassen, dass euch keine Fettspritzer erwischen! Jetzt rührt fleißig mit dem Kochlöffel, damit nichts anbrennt. Werden die Zwiebeln glasig, also ein bisschen durchsichtig, könnt ihr die Dose Tomaten dazugeben. Auch Ketchup, Tomatenmark, Oregano, Salz und Pfeffer fügt ihr der Soße hinzu. Geht aber am Anfang sparsam damit um und würzt lieber später nach. Nach und nach kommen die Gewürze dazu, bis es euch perfekt schmeckt. Die Soße muss eine Stunde auf kleiner Flamme köcheln, damit der leckere Geschmack entsteht.

Holt den Teig aus dem Kühlschrank und drückt ihn gleichmäßig in die Springform. Mit einem Löffel verteilt ihr so viel Soße darauf, wie ihr wollt. Sollte noch etwas übrig sein, könnt ihr den Rest für die nächste Pizza oder für Spaghetti bolognese einfrieren.

Beim Belag sind eurer Fantasie und eurem Geschmack keine Grenzen gesetzt. Tomatenscheiben, Champignons, Paprikastücke, Thunfisch, Schinken- und Salamischeiben, Ananas, Oliven, Mais, Basilikum – das alles und noch vieles mehr passt hervorragend!

Habt ihr die Pizza lecker belegt, kommt Käse darüber. Mozzarella, Schafskäse oder geriebener Gouda eignen sich dafür wunderbar. Schiebt die Pizza bei 200 Grad in den vorgeheizten Backofen. Nach etwa 15 Minuten ist der Käse goldbraun zerlaufen, die Pizza ist fertig!

Buon appetito wünscht man dazu in Italien!

ESSENSQUIZ

Das braucht ihr: *Teller mit verschiedenen Häppchen, Augenbinde*

Wenn ihr schon ausprobiert habt, „blind" zu essen, konntet ihr feststellen, wie schwierig das ist. Vielleicht ist euch aufgefallen, dass es nicht so leicht ist, bestimmte Lebensmittel am Geschmack zu erkennen. Das könnt ihr üben!

Derjenige, der von euch anfangen möchte, setzt sich an den Tisch und lässt sich die Augen verbinden. Da ihr nicht wisst, was ihr auf den Teller bekommt, ist dies auch ein Vertrauensspiel. Bleibt bitte fair und serviert nichts, was der andere überhaupt nicht mag! Bietet von allem nur kleine Stückchen an, die man nicht schneiden muss.

Jetzt geht es los! Zunächst dürft ihr vorsichtig an dem unbekannten Bissen schnuppern. Könnt ihr schon am Geruch feststellen, was ihr auf der Gabel habt? Nein? Dann haltet den Happen jetzt an eure Lippen. Ist das Essen warm oder kalt, ist es fest wie Käse oder eher weich wie ein Marshmallow?

Eure Zunge übernimmt die wichtigste Arbeit. Auf ihr sind viele kleine Geschmacksknospen, die wahrnehmen, ob eine Speise süß, sauer, bitter oder salzig ist. Diese Informationen werden von eurem Gehirn verarbeitet. Wenn das Gehirn erkennt, dass das Essen genießbar ist, sagt es z. B.: „Okay, das ist eine Tomate. Die kannst du kauen und schlucken." Im anderen Fall meldet es, dass ihr das Zeug besser ausspucken solltet. Das wäre, wenn ihr beispielsweise versehentlich in ein Stück Seife beißt.

Na, habt ihr erraten, was alles auf dem Teller war?

PAPA ALS GÄRTNER

WÜSTENLANDSCHAFT

Das braucht ihr: *großes Tablett, Eimer mit fein gesiebtem Sand, kleine trockene Astenden, kleine Steine, 1–2 kleine Kartons, weiße Farbe, Pinsel, Spieltiere und -figürchen aus Kunststoff oder Holz, Knetgummi, Alufolie, hohle Bastelhalme aus Naturstroh, lange Grashalme, Bastelkleber, kleine Schaufel*

Die Sonne brennt auf den heißen Sand. Nur ein paar Kamele stapfen langsam durch die Wüste. Tagelang sind sie schon unterwegs, aber sie haben ihr Ziel fast erreicht. Noch vor Sonnenuntergang werden sie die kleine Oase erreicht haben. Dann gibt es wieder reichlich zu trinken, und Palmen spenden kühlenden Schatten. Sie müssen nur noch ein wenig durchhalten. Halt! Da, am Horizont, tauchen fremde Gestalten auf. Wilde Tiere? Räuber? Jetzt schnell weg hier! Ob sie es schaffen, den Schutz der Oase zu erreichen? Wenn ihr die spannende Geschichte weiterspielen wollt, baut euch doch die passende Landschaft dazu!

Ein großes Tablett ist euer Bauplatz. Dichtet eventuell vorhandene offene Tragegriffe mit etwas Alufolie ab. Nun kann das Tablett befüllt werden. Ein Eimer voll fein gesiebtem Sand vom Spielplatz eignet sich dafür prima. In der Wüste gibt es große, flache Ebenen, durch die die Karawanen ziehen. Dünen bilden hohe Hügel, die schwer zu überwinden sind. Mit ein wenig Fantasie gestaltet ihr mit einer kleinen Schaufel eure eigene Sandlandschaft.

Knipst von kleinblättrigen Sträuchern zwei oder drei vertrocknete Astenden ab und steckt sie in ein wenig Knetgummi. So befestigt, können sie im Sand nicht mehr umfallen und finden als dürre Wüstensträucher Verwendung. Ein paar vereinzelte spitze Steine werden zu einsamen Felsbrocken im Sand.

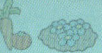

In einer Ecke eurer Wüste liegt versteckt die kleine Oase. Das Wichtigste darin ist eine kleine Wasserstelle für die durstige Reisegruppe. Zerknittert dazu ein Stückchen Alufolie, zieht es auseinander und legt es in den Sand, sodass dieser die Ränder verdeckt.

Um eine Palme herzustellen, befestigt ihr Grashalme in einem Strohhalm, sodass sie weit hinausschauen. Bastelt einige davon und steckt sie jeweils in ein kleines Stück Knetgummi als Ständer. Grabt die Palmen ein wenig in den Sand ein, und schon ist die Knete nicht mehr zu sehen. Natürlich gibt es auch ein oder zwei einfache kleine Hütten in der Oase. Hier finden Wanderer nachts Schutz vor wilden Tieren und tagsüber spenden sie Schatten vor der glutheißen Sonne. Schneidet aus kleinen Pappschachteln eine Tür- und eine Fensteröffnung heraus. Mit weißer Farbe pinselt ihr die Hütten an. In heißen Ländern, wie z. B. Griechenland, streicht man die Häuser oft weiß, weil das ein wenig die Hitze draußen hält. Besonders echt sehen die Häuschen aus, wenn sie ein Naturdach aus aufgeklebten Grashalmen bekommen.

Jetzt kann die Karawane kommen! Ist euch schon ganz warm geworden? Ihr habt Glück, denn ihr könnt euch etwas zu trinken aus dem Kühlschrank holen und müsst nicht erst zur nächsten Oase taumeln!

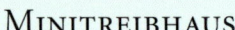

MINITREIBHAUS

Das braucht ihr: Blumenerde, Blumensamen, leere Papprollen (z. B. von Toilettenpapier oder Haushaltspapier), großen Plastik-Pflanzenunterteller, hohe Gläser oder Blumenvasen aus Glas, Schere

Nach dem Winter freut ihr euch bestimmt auf den nächsten Frühling! Schon locken im Supermarkt Tütchen mit Blumensamen zum Aussäen und versprechen eine bunte Blütenpracht. Gibt man aber den Samen zu früh direkt ins Beet, kann er erfrieren. Mit einem kleinen Gewächshaus, das ihr mit wenigen Mitteln selbst basteln könnt, habt ihr mehr Erfolg. Damit könnt ihr in der warmen Wohnung die Blumensamen schon zu kleinen Pflanzen vorziehen, die ihr später ins Beet setzt, wenn die Nächte nicht mehr so kalt sind.

Mit der Schere schneidet ihr aus den Papprollen einzelne Ringe, die etwa fünf Zentimeter hoch sind. Stellt sie mit ein wenig Abstand in den Blumenuntersteller und füllt die Erde in die Ringe ein. Dabei drückt ihr die Erde mit den Fingern ein bisschen zusammen, sodass oben ein Rand von etwa einem Zentimeter frei bleibt.

Streut nun immer nur wenige Blumensamen auf die Erde, denn sonst nehmen sich die Pflanzen gegenseitig Nahrung und Platz weg. Stülpt die Gläser oder Vasen über die Pappringe und gießt ein wenig Wasser in den Untersetzer. Lieber öfter Wasser nachfüllen, als zu viel auf einmal gießen. Stellt eure Gewächshäuschen an einen hellen Ort, z. B. auf die Fensterbank. Unter dem Glas ist es schön warm und feucht, da fühlen sich die Pflänzchen pudelwohl.

Habt ein wenig Geduld! Bald sind sie groß genug, dass sie in den Garten umziehen können.

MATSCHSPASS

Das braucht ihr: *Sandkasten oder Erdkuhle, Gartenschlauch, matschtaugliches Spielzeug, Badekleidung*

Im Sommer draußen im Matsch zu toben, ist einfach toll! Also, auf gehts!

Zieht am besten nur die Badehose an, denn so könnt ihr euch nach dem Spielen direkt mit dem Gartenschlauch sauber spritzen. Es soll Eltern geben, die ihr Kind nach dem Toben im Matsch nicht mehr erkannt haben …

Ein Sandkasten oder eine flaches Loch in der Erde muss her. Nehmt den Gartenschlauch und dreht ihn auf. Wenn ihr ordentlich im Sand oder in der Erde herumhopst, vermischt sich alles besonders gut. Ist der Matsch glitschig genug, stellt ihr das Wasser wieder ab. Sollte der Schlamm unter der heißen Sonne zu schnell trocknen, müsst ihr noch einmal mit Wasser ran.

Für das Spielen im Modder gibt es viele Möglichkeiten. So kann man einen Schlamm-Ringkampf veranstalten, der auch für mögliches Publikum viel Spaß bringt. Kleine Matschbälle sind prima Wurfgeschosse, sollten aber nur außerhalb der Reichweite von Fenstern benutzt werden!

Mit festerem Schlamm lässt es sich erstklassig bauen. Schichtet daraus einen großen Berg auf, an dem rundum eine steile Kugelbahn hinabführt. Kleine Autos bekommen einen Tunnel. Mit den Händen tiefe Löcher zu graben, ist auch spannend, denn irgendwann stößt man vielleicht auf Wasser oder sogar auf einen vergrabenen Schatz, wer weiß?

Habt ihr ringsherum Platz und die Kuhle ist schön flach, kann man mit Anlauf darüberrutschen. Das klappt ähnlich gut wie bei einer zugefrorenen Pfütze. Viel Spaß!

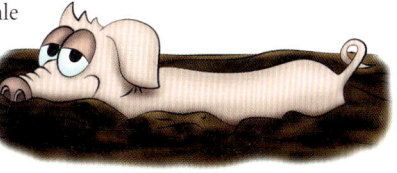

GEFÄHRLICHER GARTEN

Das braucht ihr: Pflanzen, Spezialerde, Regenwasser

Fleischfressende Pflanzen – schon der Gedanke daran sorgt für Gänsehaut. Wer sich jetzt vorstellt, wie die kleine Schwester heulend in der Venusfliegenfalle hängt, liegt falsch! Fleischfressende Pflanzen sind für Menschen absolut ungefährlich und ungiftig. Allerdings ist ihre Haltung nicht ganz einfach. Aber wenn ihr ein paar Dinge beachtet, fühlen diese Pflanzen sich bei euch wohl.

Beobachtet, wie sich beispielsweise plötzlich blitzschnell die beiden Klappen einer Venusfliegenfalle um ein Insekt schließen, das nicht mehr flüchten kann.

Die fleischfressende Pflanze wächst in der Natur nur auf sehr nährstoffarmen Böden. Damit sie gedeihen kann, braucht sie Dünger. Das ist der Grund dafür, warum sie Fleisch frisst. Dabei handelt es sich natürlich nicht um Würstchen oder Hamburger, sondern um kleine lebende Insekten.

Das Fangen der kleinen Fliegen, Mücken und Käfer ist schwierig, denn sie bleiben ja nicht ruhig sitzen, um gefressen zu werden. Deshalb haben sich diese Pflanzen einen Trick ausgedacht. Einige produzieren kleine Klebetröpfchen, an denen die Insekten hängen bleiben. Andere bilden lange glitschige Blütenkelche, aus denen es kein Entrinnen mehr gibt. Das Ergebnis bleibt in beiden Fällen gleich: Die Beute wird von der Pflanze verdaut! Das dauert einige Tage, macht die Pflanze aber auch für eine ziemlich lange Zeit satt. Angelockt werden die Insekten übrigens von süßen Duftstoffen in der Blüte.

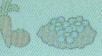

Geeignete „Killer-Blümchen" für euren Garten auf der Fensterbank sind der Sonnentau, die Venusfliegenfalle und das Fettkraut. In einem gut sortierten Gartencenter könnt ihr diese Sorten kaufen. Besorgt euch dort auch gleich einen kleinen Sack mit der passenden nährstoffarmen Erde, Karnivorenerde genannt. Denkt daran: Ihr dürft keinen Dünger verwenden!

Der beste Platz ist ein sonniges Fenster an der Südseite, unter dem nicht ständig eine eingeschaltete Heizung läuft. Für die meisten fleischfressenden Pflanzen ist Kalk absolut tödlich! Deshalb dürft ihr eure Zöglinge nie mit Leitungswasser gießen. Nehmt dafür einfaches Regenwasser aus der Tonne im Garten. Ist keine vorhanden, stellt ihr eine kleine Schüssel zum Sammeln auf.

Stellt die Töpfchen in Blumenuntersetzer und gießt so viel Wasser an, bis ein Rest in der Schale bleibt. Erst nachdem das Wasser verschwunden ist, so in ein bis drei Tagen, wird wieder gegossen. Da viele der fleischliebenden Exemplare aus tropischen Ländern kommen, könnt ihr sie auch in Terrarien setzen, in denen aber keine Tiere leben dürfen. Darin herrscht ein feuchteres Klima, das einige Sorten besonders schätzen.

Wie füttert ihr jetzt die Pflanze? Am besten wenig! Entweder fängt sie sich selbst ein Insekt oder ihr „serviert" ihr gelegentlich eine Fliege oder Mücke. Verhungern wird sie auch nach langem Fasten auf keinen Fall.

In einer Bücherei findet ihr in Fachbüchern noch mehr Informationen über die Pflege und Bedürfnisse eures neuen Mitbewohners.

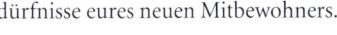

HOCHBEET FÜR KINDER

Das braucht ihr: 8 angespitzte Pfähle je 1 m lang
und 8 cm im Durchmesser, 10 Bretter je 2 m x
10 cm x 2 cm, 10 Bretter je 1 m x 10 cm x 2 cm,
Nägel, Hammer, Schaufel, Spaten, verschiedene
Reste vom Astschnitt, Papierreste, Kompost,
Pflanzen und Sämereien

Für kleine und große Gärtner ist das Bücken bei der
Gartenarbeit oft anstrengend. Ein Hochbeet kann
man nicht nur in bequemer Höhe bearbeiten, son-
dern es schützt auch seine Pflanzen besser vor Schädlingen, Ungeziefer und
nicht eingeladenen Gästen wie Mäusen oder Schnecken.

Das fertige Beet sollte kindgerechte Abmessungen haben. Denn nur, wenn
die Kinder von den Ausmaßen nicht überfordert sind, haben sie Spaß an der
Gartenarbeit. Schon auf maximal zwei Metern Länge und einem Meter
Breite können viele verschiedene Pflanzen wachsen und
geerntet werden, und die Kinderarme schaffen es, bis
in die Mitte des Beetes zu greifen. Die geplan-
te Höhe sollte bei einem Hochbeet für Kinder
geringer als sonst ausfallen, 50 bis 60 Zentimeter reichen völlig aus.

Zuerst ist Muskelkraft gefordert! Mit einem
Spaten stecht ihr die geplanten Umrisse ab. Auf
jeder der beiden Langseiten grabt ihr zwei Pfosten ein, sodass sie etwa 30 Zentimeter von den Eckpunkten entfernt sind
und 40 Zentimeter tief in der Erde stecken. Mit einer Schaufel hebt ihr die
Erde innerhalb der abgesteckten Umrisse aus, bis ihr eine etwa 30 Zentimeter tiefe Grube habt. Die ausgehobene Erde braucht ihr später noch zum
Füllen des Beetes. Damit sie locker bleibt, solltet ihr sie nicht betreten.

Puh, das ist geschafft! Nagelt nun die langen Bretter an der Innenseite der
Pfeiler fest. Dabei sollte einer von euch den Pfosten fixieren, damit sich dieser nicht durch das Nageln in seinem Erdloch lockert.

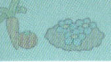

Jetzt sind die schmaleren Kopfseiten an der Reihe! Das unterste Brett wird lose von außen gegen die beiden Bretter der Längsseite genagelt. So erhaltet ihr einen geraden Grundriss. Setzt die beiden Pfosten für die schmale Seite wiederum in 30 Zentimetern Abstand von den Eckpunkten ein. Danach könnt ihr die restlichen Holzbretter von innen gegen die Pfosten nageln. Die Bretter der zweiten Kopfseite befestigt ihr auf die gleiche Weise. Hurra, das Schlimmste ist geschafft! Ruht euch ein wenig aus, trinkt einen Saft und betrachtet stolz euer Werk.

Für die unterste Bodenschicht des Beetes füllt ihr etwa 20 Zentimeter Wurzeln, Äste und Bretterreste hinein. Danach folgt eine zehn Zentimeter dicke Lage aus zerrissenen Kartons und Zeitungspapier. Bevor es weitergeht, befeuchtet ihr das Papier mit einigen Gießkannen Wasser. Darauf packt ihr eine dicke Schicht Kompost. Den Abschluss bilden 20 Zentimeter Erde, die ihr vom Ausheben der Grube noch übrig habt.

Zur Bepflanzung bieten sich Gurken, Möhren, Radieschen, Himbeeren und Erdbeeren, Sommerblumen und auch duftende Kräuter an. Wenn ihr euer Beet regelmäßig gießt, dann könnt ihr bald reichlich ernten!

ERLEBNISPARCOURS IM SAND

Das braucht ihr: *Sandkasten, kleine Schüssel, Spielmännchen, Schaufel, Pappstreifen*

Auch eure Spielfigürchen wollen sich nicht langweilen. Baut deshalb für sie und für euch einen abwechslungsreichen Spielplatz für tolle Abenteuer!

Ein Sandkasten bietet das beste Gelände für euer Vorhaben, denn dort könnt ihr viele verschiedene Bereiche einplanen. So ist es für eure Männchen möglich, in unterschiedliche Rollen zu schlüpfen. Täler und Berge aus Sand wechseln sich ab und können vom Motocross-Fahrer bezwungen werden. Kleine eingegrabene Schüsseln mit Wasser laden zum Schwimmen,

Angeln und Bootfahren ein. Von Berg zu Berg spannt sich eine Hängebrücke, die ihr aus Pappstreifen baut. Darunter lauern wilde Tiere oder Piraten, die nur darauf warten, dass das Männchen nicht ganz schwindelfrei ist.

In einen großen Berg grabt ihr eine Höhle, in der euer kleiner Held einen vergrabenen Schatz gefunden hat. Leider stürzt die Höhle ein, bevor er sie wieder verlassen konnte. Wird es eurem Schatzsucher gelingen, sich zu befreien?

Andere Männchen bezwingen die steile Nordwand des höchsten Sandberges. Sie ahnen nicht, dass auf dem Gipfel der letzte Dinosaurier der Welt auf sie wartet, der noch nicht gefrühstückt hat …

Ihr seht, eure Sandkiste steckt voller spannender Abenteuer! Durch eure Vorstellungskraft entstehen fantastische Welten. Abends, nach dem Aufräumen, haben sich eure Spielmännchen bestimmt einiges zu erzählen. Und ihr träumt schon von den nächsten Sandkastengeschichten!

PAPA ALS SPASSVOGEL

LUSTIGES BRETTSPIEL

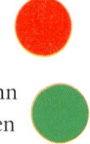

Das braucht ihr: *großes Stück stabile Pappe DIN A2, Tonpapier in eurer Lieblingsfarbe, Schere, Bastelkleber, Münze, Filzstifte, Papier, Würfel, Spielfiguren*

Wenn draußen schlechtes Wetter tobt und es drinnen warm und gemütlich ist, bringt ein Spielenachmittag mit der Familie oder Freunden Spaß und Abwechslung. Sicher kennt ihr „Mensch-ärgere-dich-nicht®", „Malefiz®" oder „Monopoly®". Wie wäre es, wenn ihr euch selbst ein lustiges Brettspiel mit eigenen Regeln ausdenken würdet?

Macht euch zuerst eine kleine Skizze, wie der Weg aussehen soll, den eure Spielfiguren zurücklegen müssen. Das kann z. B. eine Schlangenlinie oder

auch ein großer Kreis sein. Dabei sollten etwa 80 bis 100 Felder vorhanden sein, die eure Figuren entlangwandern. Vergesst nicht, den Start- und Zielpunkt zu markieren!

Seid ihr mit eurem Entwurf zufrieden, übertragt ihr die Skizze auf die Pappe. Damit das Spielbrett noch hübscher aussieht, könnt ihr die Pappe zuvor mit farbigem Tonpapier bekleben. Die einzelnen Felder lassen sich prima mithilfe einer Münze aufmalen. Gestaltet auch das übrige Spielfeld nach eurem Geschmack. Wie wäre es beispielsweise mit einem Dschungelspiel? Dann könnt ihr das komplette Spielbrett wie einen Urwald anmalen.

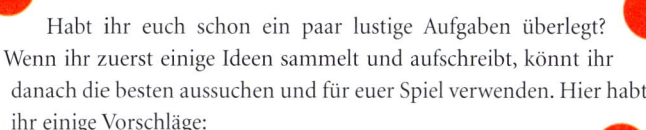

Habt ihr euch schon ein paar lustige Aufgaben überlegt? Wenn ihr zuerst einige Ideen sammelt und aufschreibt, könnt ihr danach die besten aussuchen und für euer Spiel verwenden. Hier habt ihr einige Vorschläge:

Wenn ihr auf dieses Feld kommt, dann …

♟ … müsst ihr einen Zweizeiler dichten, in dem der Name eures Sitznachbarn vorkommt.

♟ … müsst ihr einen Kopfstand machen.

♟ … dürft ihr nicht lachen, wenn ihr gekitzelt werdet.

♟ … müsst ihr einen Satz rückwärts aufsagen.

♟ … müsst ihr einen Zungenbrecher aufsagen.

♟ … müsst ihr zum Startpunkt zurück.

♟ … müsst ihr drei Felder zurück.

♟ … müsst ihr für 30 Sekunden die Luft anhalten.

♟ … dürft ihr fünf Felder vorgehen.

Schreibt euch die Aufgaben, die erfüllt werden müssen, auf eine Liste und nummeriert sie. Schreibt diese Nummern auf einzelne Felder des Spielbrettes. Wenn ihr die Aufgabenliste einmal austauschen wollt, braucht dann nicht das ganze Spiel neu bemalt zu werden. Die nummerierten Kreise fallen besonders auf, wenn ihr sie farblich hervorhebt.

Jetzt kann es losgehen! Wer eine Sechs würfelt, beginnt. Jeder zieht mit seiner Spielfigur die Augenzahl, die er würfelt. Kommt ihr auf ein Feld mit einer Zahl, so müsst ihr die Aufgabe lösen, die dazu auf eurer Liste steht. Die anderen Mitspieler entscheiden, ob die Aufgabe richtig erfüllt ist oder nicht. Bei „Ja" dürft ihr weiterziehen. Bei „Nein" müsst ihr entweder eine Runde aussetzen oder zum Startpunkt zurückkehren. Bestimmt habt ihr dieses Mal mehr Glück! Bei jeder „Sechs" darf noch einmal gewürfelt werden.

Wer zuerst das Ziel erreicht, hat gewonnen! Viel Glück!

SPIELE FÜR DIE BADEWANNE

Das braucht ihr: *Schaumbad, Schwimmbrille,
2 Strohhalme, 2 Wasserpistolen, Gummiente*

An kalten Tagen ist ein warmes Bad besonders gemütlich! Oft sind die Wannen so groß, dass Sie, lieber Papa, zusammen mit Ihrem Sohn planschen gehen können. Aber nur faul im Wasser zu liegen, ist bald langweilig. Da helfen ein paar gute Ideen!

Besorgt euch für euer nasses Abenteuer einen Badezusatz, der gut riecht und ordentlich schäumt. Eine Münze entscheidet, wer sich zuerst einen Platz in der Wanne aussuchen darf.

Kaum sitzt ihr euch gegenüber, nimmt jeder einen Strohhalm und blubbert los! Je stärker ihr in den Halm pustet, desto mehr feine Blasen entstehen. Mit diesem Schaum könnt ihr euch gegenseitig auf den Köpfen Skulpturen bauen. Große Ohren werden geformt und lange Bärte wachsen blitzschnell. Auf dem Kopf wuchert eine wilde Mähne. Wer Angst vor Schaum in den Augen hat, setzt eine Schwimmbrille auf.

Es ist gar nicht so einfach, mit Schaum zu werfen. Das liegt daran, dass er sehr leicht ist und viel Luft enthält. Probiert aus, ob es euch trotzdem gelingt! Hurra, Schaumschlacht!

Wer von euch kann am längsten untertauchen und die Luft dabei anhalten? Während einer von euch laut zählt, geht der andere auf Tauchstation. Auch mit einer Wasserpistole lässt sich in der Wanne viel Spaß haben! Setzt eine kleine Quietscheente in die Mitte zwischen euch und legt los! Derjenige hat gewonnen, dem es gelingt, die Ente mit dem Wasserstrahl auf die Wannenseite des Gegners zu treiben.

Auf die Plätze, fertig, los!

GLITSCHIG, SCHLEIMIG, COOL

Das braucht ihr: Götterspeise,
100 ml Wasser, Lebensmittelfarbe nach
Wunsch

Jedes Kind kennt grünen oder gel-
ben glitschigen Schleim, der –
weder fest noch flüssig –
durch die Finger wab-
belt. Es macht un-
glaublichen Spaß, mit
diesem coolen Glibber-
zeug zu spielen. Es taugt prima als grünes Alien-
Zytoplasma, Monster-Nasenschleim oder als Wurfgeschoss, um Feinde ab-
zuwehren. Es gibt auch einen wunderbar klebrigen Schleimsee ab, in dem
eure Spielzeugmännchen um ihr Leben schwimmen müssen. Oder ihr
drückt dem Nachbarsmädchen unvorbereitet einen Batzen des Glibbers in
die Hand. Wie wäre das? Bestimmt quiekt sie vor lauter Ekel und ihr haltet
euch vor Lachen den Bauch. Überraschung gelungen!

Am meisten Spaß macht es, im Freien mit eurem selbst gemachten Glibber
zu spielen, denn dort braucht ihr keine Angst vor Flecken auf Möbeln und
Wänden zu haben. Seid trotzdem vorsichtig mit eurer Kleidung, die Flecken
gehen schwer raus. Zieht am besten alte Sachen an.

Rührt das Götterspeisepulver mit einem Esslöffel Zucker in einem kleinen
Topf an. Statt der angegebenen Menge Wasser gebt ihr nur 100 Milliliter
Flüssigkeit dazu. Kurz quellen lassen und erwär-
men, bis sich alles gelöst hat. Mit ein paar Tropfen
Lebensmittelfarbe könnt ihr die Masse noch
knalliger gestalten. Beim Abkühlen wird diese
richtig fest. Sollte sie euch nicht schleimig genug sein, gießt etwas Wasser hinzu und erwärmt den Glibber erneut. Anschließend
zum Abkühlen in den Kühlschrank stellen.
Danach ist er zum Einsatz bereit.

81

Das braucht ihr: *Fingerfarben, Badekleidung*

In vielen Kulturen werden bis heute die Körper mit Farben bemalt. Australische und afrikanische Stämme schmücken sich damit. Die Indianer zogen mit ihrer Kriegsbemalung in den Kampf. Einige wollten damit gefallen, andere verwendeten den Schmuck zur Abschreckung. Mit Fingerfarbe könnt ihr ausprobieren, wie ihr euch gefallt, wenn ihr von oben bis unten bepinselt seid.

Wechselt euch in der Rolle des Künstlers und des Modells ab. Jeder bemalt den anderen so, wie es ihm am besten gefällt. Eurer Fantasie sind keine Grenzen gesetzt. Fingerfarbe ist ungiftig und leicht zu entfernen. Achtet trotzdem darauf, dass sie nicht in die Augen gerät.

Damit eine möglichst große „Leinwand" zur Verfügung steht, zieht euch Badekleidung an. Baut eure Farbtöpfe im Garten auf, dann gibt es keine Sauerei. Ob ihr im Gesicht oder auf dem Bauch zu malen beginnt, ist egal. Manche Muster, besonders grafische, wirken eindrucksvoller, wenn sie in nur einer Farbe gehalten sind. Bunte Motive sehen dagegen fröhlich und wild aus.

Natürlich könnt ihr auch ganze Landschaften auf dem Körper des anderen entstehen lassen. Vielleicht werden Sie, lieber Papa, zum lebenden Dschungel, während sich auf dem Körper des Sohnes die Fische des Ozeans tummeln.

Habt ihr euch für eine schreckliche Kriegsbemalung entschieden, solltet ihr auch gleich einen passenden Tanz aufführen. Mal sehen, wie das auf die Nachbarn wirkt!

Habt ihr sie genug erschreckt, könnt ihr euch unter der Dusche darüber kaputtlachen!

KISSENSCHLACHT

Das braucht ihr: viele unterschiedliche Kissen

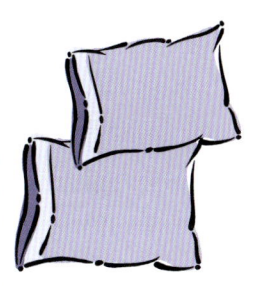

Eine wilde Kissenschlacht zwischen Papa und Sohn ist für beide sehr lustig! Wenn ihr euch die Kissen um die Ohren werft, zählt allein der Spaß, und es gibt weder Gewinner noch Verlierer. Hier sind vier Vorschläge, was ihr beide mit Kissen noch alles machen könnt. Nehmt als Unterlage eine Matratze. Die ist schön weich und federt Stürze ab, macht es allerdings auch bei einigen Übungen noch schwieriger, die Balance zu halten.

1. Nehmt euch viele unterschiedliche Kissen. Jeder baut einen Turm, indem er eine möglichst große Menge davon übereinanderstapelt. Wer kann am höchsten schichten?

2. Legt drei Kissen übereinander. Einer von euch setzt sich auf den kleinen Turm und hält seine Füße hoch. Da eure Sitzgelegenheit wackelt, ist es nicht einfach, die Balance zu halten. Wer schafft es am längsten?

3. Legt euch auf den Rücken und streckt beide Hände und Füße senkrecht in die Luft. Euer Partner legt auf jede Hand und auf jeden Fuß ein Kissen, das ihr balancieren müsst. Das ist zu einfach? Dann versucht es einmal mit zwei oder drei Kissen gleichzeitig übereinander!

4. Kniet euch auf die Matratze und stützt euch auf den Händen ab. Dabei versucht ihr, einen ganz geraden Rücken zu machen. Euer Partner probiert, mit Kissen auf eurem Rücken einen Turm zu bauen. Wie viele wird er stapeln, bevor alles zusammenbricht?

Zum Schluss gibt es noch eine klassische Kissenschlacht! Erst wenn ihr beide total aus der Puste seid, ist es genug.

83

KAUGUMMIRIESENBLASEN

Das braucht ihr: Kaugummi

Toll, wenn es jemand schafft, mit einem Kaugummi eine riesige Blase zu machen! Hauchdünn schwebt sie vor den Lippen, bläht sich noch ein kleines Stück weiter auf, um dann zu zerplatzen und in das Gesicht zu klatschen. Schnell werden die Reste eingesammelt und wieder in den Mund befördert. Gleich geht es weiter, bis ein neuer Ballon entsteht, der am besten noch größer als der vorherige ist. Toll, der Kaugummiblasen-König zu sein, oder?

Um eine eindrucksvolle Blase zu machen, braucht ihr den richtigen Kaugummi, denn nicht jeder eignet sich dafür! Probiert verschiedene Sorten aus, bis ihr den findet, der euch die größten Blasen liefert. Nun testet ihr, wie viel Streifen oder Kugeln ihr benötigt, um eine möglichst große Blase zu bekommen. Habt ihr zu wenig im Mund, wird die Haut zu dünn und euer Kunstwerk platzt zu früh. Ist die Menge zu groß, ist es schwierig, sie aufzublasen. Fangt am besten mit einem Kaugummi an und nehmt dann weitere dazu.

Nach den ersten Übungen bieten sich verschiedene Disziplinen für einen Wettbewerb zwischen Papa und Sohn an:
1. Wer macht in einer Minute die meisten Blasen?
2. Wer pustet den größten Ballon?
3. Wessen Blase hält am längsten ohne zusammenzufallen?

Obwohl es für Zuschauer lustig ist, wenn jemandem die klebrige Masse ins Gesicht klatscht, ist das absichtliche Anpieksen natürlich verboten!

PAPA ALS ABENTEURER

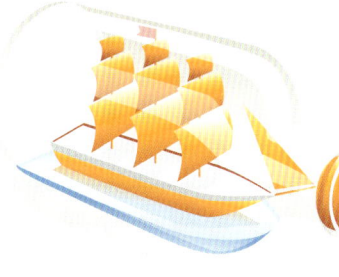

WETTERVORHERSAGE MIT BAUERNREGELN

Das braucht ihr: *viel Geduld und gute Beobachtungsgabe*

Ob morgen wohl die Sonne scheint? Heutzutage sind Wettervorhersagen sehr genau, weil Satelliten aus dem Weltall präzise Informationen zur Erde schicken. Aber wie war das früher, als es weder Computer noch Satelliten gab? Zu dieser Zeit war der Mensch viel abhängiger vom Wetter als heute, denn es bestimmte über hungernde oder satte Bäuche. Besonders die Bauern waren betroffen. Ein Hagelschauer zur falschen Zeit konnte die gesamte Ernte verderben. Lag das Heu zum Trocknen einen Tag zu lang auf den Wiesen, konnte ein tüchtiger Regenschauer es unbrauchbar machen. Brachte der Landwirt die kostbare Saat zu früh auf das Feld, ließ plötzlicher Frosteinbruch alles erfrieren. Die Menschen beobachteten die Natur, um bestimmte Anhaltspunkte im Verhalten von Tieren und Pflanzen für eine Wettervorhersage zu erkennen. Diese Informationen sind als Bauernregeln bekannt geworden. Lässt sich damit auch heute noch das Wetter voraussagen?

Wenn der Frosch klettert, wird die Sonne scheinen!

Bei schönem Wetter steigt der Luftdruck. Das lässt Insekten höher fliegen. Damit der Frosch an die Fliegen herankommt, muss er etwas höher im Schilf klettern. Diese Regel ist also richtig!

Wenn die Schwalben niedrig fliegen, wird es morgen regnen.

Ja, auch das stimmt! Diese Insektenfresser folgen wie die Frösche ihrer Beute. Wird es kühl oder windig, suchen Insekten Schutz in Büschen und Bäumen. Bei schönem Wetter fliegen die kleinen Brummer hoch in der Luft, und die Schwalben sausen ihnen hungrig hinterher.

86

Wenn sich Tannen- oder Kiefernzapfen schließen, kommt schlechtes Wetter.
Stimmt! Liegt Regen in der Luft, wird diese feucht. Die Schuppen der Zapfen nehmen die Feuchtigkeit auf und legen sich dicht aneinander. Das gilt auch für einige Blumen, die ihre Blüten bei drohendem Regen schließen. Damit schützen die Pflanzen ihre Samen vor der Feuchtigkeit.

Die Wolken zeigen, wie das Wetter wird.
Das trifft zu! Sind die Wolken klein und fein, wird das Wetter gut. Auch wenn ihr ein kräftiges Abendrot seht, könnt ihr am nächsten Tag den Regenschirm zu Hause lassen. Beobachtet ihr dagegen am Tagesbeginn ein starkes Morgenrot, wird es regnen. Das gilt auch, wenn sich die Wolken hoch am Himmel auftürmen.

Springen die Fische am Abend aus den Teichen, kommt Regen.
Wieder richtig! Jetzt wisst ihr ja, dass Fliegen bei drohender Nässe niedrig fliegen. Dann haben auch die Fische eine Chance auf einen „Mücken-Burger" und holen sich mit einem kleinen Sprung ihr Abendessen.

Wenn Kanäle und Klärgruben zu stinken beginnen, wird das Wetter schlecht.
Das stimmt, denn bei sinkendem Luftdruck verbreiten sich Gerüche leichter.

Wenn die Frösche abends laut quaken, wird es morgen regnen.
Diese Regel lässt sich wissenschaftlich nicht bestätigen. Auch wenn am nächsten Tag die Sonne scheint, musizieren die Gesellen nämlich oft lautstark!

Vielleicht habt ihr einmal Lust, eure Beobachtungen als Wettertagebuch aufzuschreiben. Dann seht ihr, welche Regel am zuverlässigsten ist.

ACHTUNG GEHEIM!

Das braucht ihr: Zettel, Bleistift

Dieser Tipp ist eine spannende Sache! Sicher möchtet ihr euch manchmal untereinander oder euren Freunden etwas mitteilen, ohne dass andere das sofort mitbekommen. Wäre es nicht toll, wenn ihr eure Botschaft so verfassen könntet, dass nur ihr und der Empfänger sie versteht? Am besten verschlüsselt ihr sie dafür in einer Geheimsprache. Wie das funktioniert? Na, dann passt mal auf!

Wenn es ganz schnell gehen muss, könnt ihr eine unverschlüsselte Nachricht mit einer Geheimtinte unsichtbar aufschreiben. Dazu nehmt ihr Zwiebel oder Zitronensaft, Milch oder Essig. Mit einem Zahnstocher schreibt ihr eure Botschaft mit der Flüssigkeit eurer Wahl auf ein Blatt Papier. Das geht nicht so einfach, denn auch ihr könnt schlecht sehen, was und wohin ihr schreibt. Um das Ganze lesbar zu machen, bügelt ihr den Zettel. Es klappt auch, wenn ihr einen Föhn darüber haltet. Durch die Wärme erscheint die Nachricht auf dem Papier.

Damit die Worte auch dann nicht sofort verstanden werden, könnt ihr sie zusätzlich verschlüsseln. Das kennt ihr bestimmt aus Spionagefilmen. Der Geheimagent findet eine Information des feindlichen Spions und versucht, den Code zu entziffern.

Eine einfache Geheimsprache habt ihr, wenn ihr jedes Wort rückwärts schreibt. So wird aus „Haus" ein „Suah". Wenn ihr dann noch einen anderen Buchstaben groß schreibt als den ersten, verwirrt das zusätzlich: „suAh".

Komplizierter wird es für den, der nicht eingeweiht ist, mit der Buchstaben-Zahl-Methode. Schreibt alle Buchstaben untereinander und die Zahlen von eins bis Sechsundzwanzig daneben. Das A bekommt die 1, das B die 2 usw. So wird das „Haus" zur „812018". Wenn ihr die Anzahl der Buchstaben dieses Wortes noch vorweg stellt, wisst ihr auch bei höheren

Zahlen, ob sie zusammengehören oder ob es sich um zwei Buchstaben handelt. Hier wäre das: 4812018. Das bedeutet: Es geht um ein Wort mit vier Buchstaben. Der erste wird durch die 8 verschlüsselt, denn 81 gibt es ja nicht. Der nächste Buchstabe ist entweder die 1 = A oder die 12 = L. Was ist logischer? Da die nächste Ziffer eine 0 ist, kann es nur die 1 sein, denn die 0 allein gibt es auch nicht. Danach folgt die 20 = U. Jetzt fehlt nur noch ein Buchstabe, also die 18 = S. Schon ist das Wort „Haus" enträtselt.

Wollt ihr es noch komplizierter? Dann beginnt beim A nicht mit der 1 sondern mit der 26 und schreibt die Zahlen rückwärts bis zur 1. In diesem Beispiel steht sie dann für das Z.

Kennt ihr die Spaltensprache? Ihr einigt euch auf die passende Codezahl, z. B. 5. Teilt ein Karopapier in fünf senkrechte Kästchen auf. Jetzt schreibt ihr eure Botschaft von oben nach unten in die Kästchen, dabei lasst ihr kein Feld frei. Sind alle fünf Felder voll, fangt ihr in der nächsten Reihe wieder oben an.

Vielleicht fällt euch noch ein eigenes Verschlüsselungssystem ein.
GLOFRE LEIV!

GESCHNITZTE WEIDENFLÖTE

Das braucht ihr: Taschenmesser, Weidenzweig

Das Schnitzen mit einem „richtigen" Messer interessiert alle Jungs! Eine selbst gemachte Weidenflöte ist eine gute Einstiegsübung.

Beachtet ihr einige wichtige Grundregeln, ist das Schnitzen eine kreative und erfindungsreiche gemeinsame Beschäftigung für Vater und Sohn:

1. Kinder sollten immer im Beisein eines Erwachsenen schnitzen.
2. Wer schnitzt, der sitzt! Nie im Stehen oder Gehen arbeiten oder mit offenem Messer herumlaufen!
3. Jeder, der ein Messer in der Hand hat, ist dafür verantwortlich!
4. Abstand von zwei Armlängen zum Nachbarn einhalten.
5. Das Messer wird beim Schnitzen vom Körper weg geführt. Das gilt auch für das Bein und den Arm.
6. Diese Regeln müssen von allen befolgt werden. Nur wem klar ist, dass man sich und andere mit einem Messer verletzen kann, darf schnitzen!

Weiden findet ihr an kleinen Bach- oder Flussläufen. Wenn im Frühjahr der Saft in die Äste schießt, ist die beste Jahreszeit für euer Vorhaben. Sucht euch am Baum einen daumendicken Seitentrieb aus. Mit der Säge eures Taschenmessers trennt ihr diesen ganz gerade ab und kürzt ihn auf etwa zwölf Zentimeter. Über diese Länge muss die Rinde ganz glatt sein und darf keinerlei Ästchen haben.

Zwei Zentimeter von der Schnittstelle entfernt schnitzt ihr für das Luftloch einen kleinen Keil heraus, der etwa ein Drittel um den Ast herumgeht. Dieser Keil besteht aus zwei kleinen Einschnitten, die schräg zueinander laufen. Zehn Zentimeter von der oberen Schnittstelle aus, ritzt ihr die Rinde komplett um den Ast herum tief ein.

Um die Rinde vom inneren Holz zu trennen, klopft ihr von außen vorsichtig auf die Flöte. Legt sie dazu auf einen Stein oder ein Brett und nehmt zum Klopfen einen stumpfen Gegenstand. Seid vorsichtig dabei, denn die Rinde darf nicht springen oder verletzt werden! Bis ihr das Holz weich geklopft habt, können mehrere Minuten vergehen. Habt also Geduld! Probiert nach einiger Zeit behutsam, ob ihr die Rinde komplett abdrehen könnt. Falls nicht, müsst ihr weiter klopfen, bis es klappt!

Gelingt es euch, habt ihr nun ein Rindenstück mit Luftloch (kleiner Keil) und das innere helle Holzstück, das in einem zwei Zentimeter langen Rindenstück endet. Das helle Holz sägt ihr dort gerade ab, wo ihr das Luftloch herausgearbeitet habt. Das Ergebnis ist ein kurzes Stück (zwei Zentimeter lang) und ein langes Stück (zehn Zentimeter lang). Mit der Messerklinge entfernt ihr alle Unebenheiten, bis alles schön glatt ist. Von dem kurzen Stück schneidet ihr einen schmalen Streifen gerade ab und steckt das restliche Teil in die obere Rindenhülle. Dabei sollte die abgeschnittene Seite oben liegen. Beim längeren Holzstück wird die vordere Kante überall leicht abgerundet, damit dieses Teil danach beweglich in das untere Rindenstück passt.

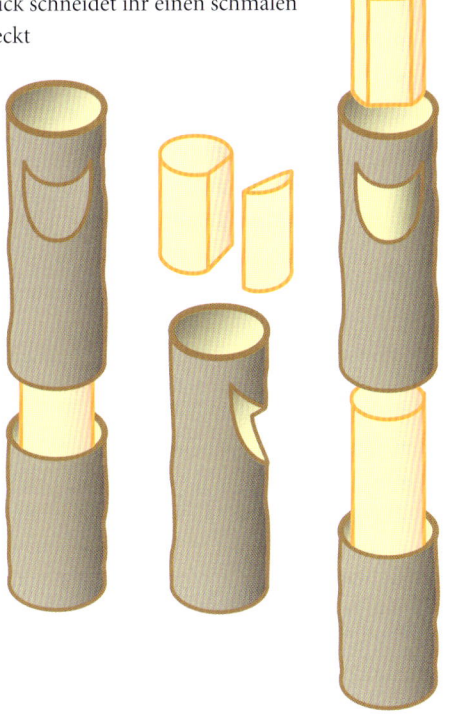

Puh, das war anstrengend! Habt ihr alles richtig und sorgfältig gearbeitet, dann könnt ihr jetzt mit eurem Pfeifchen Musik machen. Wenn ihr an dem unteren Holzende zieht, verändert sich die Tonhöhe.

AM TÜMPEL DÜMPELN

Das braucht ihr: kleines Gewässer, Gummistiefel, Kescher, Schraubgläser, flache Kiesel, Beobachtungsgabe

In eurer Umgebung gibt es bestimmt einen Tümpel oder einen kleinen See. Wenn ihr regelmäßig einen Abstecher dorthin macht, könnt ihr beobachten, wie er sich im Jahresverlauf ändert. Lernt „euren" Tümpel kennen. Welche Tiere könnt ihr in der Nähe der Wasserquelle ausmachen? Überlegt, wie sich die Jahreszeiten auf deren Leben auswirken!

Frühling: Ihr watet in Gummistiefeln ein Stückchen in den Tümpel hinein. Vorsichtig fischt ihr eine Probe mit dem Schraubglas heraus. Was habt ihr gefangen? Zappelt da nicht etwas? Untersucht eure Wasserprobe! Natürlich ist sie nicht so klar wie das Wasser aus der Leitung – aber durch was genau entsteht wohl die grüne Farbe? Wenn ihr fertig seid mit euren Beobachtungen, schüttet ihr eure Probe zurück.

Sommer: Begebt euch auf die Suche nach flachen Steinen, um sie über das Wasser hüpfen zu lassen. Wer schafft die meisten Aufsetzer? Es folgt ein Kräftemessen, wer einen größeren Steinbrocken ins Wasser wuchten kann. Herrlich, wie das spritzt!

Herbst: Tümpel-Reinigungsdienst! Holt mit dem Kescher welke Blätter, Algen und abgestorbene Pflanzenreste aus dem Wasser und häuft sie alle an den Rand eures Tümpels. Was angelt ihr heraus? Schlick und Modder? Richtig schön eklig!

Winter: Wenn ihr sicher seid, dass die Eisdecke auf dem Tümpel trägt – das entscheidet ganz allein der Papa – könnt ihr darüberschlittern. Ihr könnt auch vom Rand aus ein kleines Loch durch das Eis bohren und ein wenig Eisfischen. Falls nichts anbeißt, macht Papa zu Hause Fischstäbchen zum Trost.

DOSENTELEFON

Das braucht ihr: 2 leere und saubere Konservendosen, einige Meter Paket-, Drachenschnur oder Nylonfaden, Nagel, Hammer, evtl. Krepp-Klebeband

Kann man ohne Telefon oder Funkgerät miteinander sprechen, wenn man ein ordentliches Stück voneinander entfernt ist? Ja, mit einem Dosentelefon! Überzeugt euch selbst davon, wie gut dieser Apparat funktioniert, der schon zu Zeiten eures Großvaters sehr beliebt war.

Besorgt euch zwei leere und saubere Konservendosen, bei denen der Deckel entfernt ist. Vorsicht, manchmal sind die Kanten sehr scharf und ihr könntet euch verletzen! In dem Fall klebt ihr diese mit reichlich Krepp-Klebeband ab.

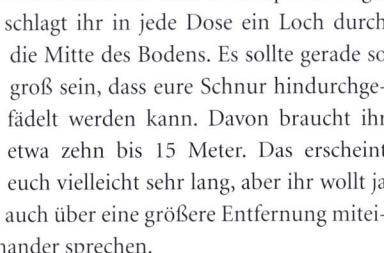

Dreht die Dosen auf den Kopf, sodass die Öffnung nach unten zeigt. Mit dem Hammer und einem spitzen Nagel schlagt ihr in jede Dose ein Loch durch die Mitte des Bodens. Es sollte gerade so groß sein, dass eure Schnur hindurchgefädelt werden kann. Davon braucht ihr etwa zehn bis 15 Meter. Das erscheint euch vielleicht sehr lang, aber ihr wollt ja auch über eine größere Entfernung miteinander sprechen.

In jede Dose wird von außen durch das Loch ein Schnurende gefädelt und im Inneren fest verknotet. Damit ihr telefonieren könnt, müsst ihr in einem solchen Abstand zueinander stehen, dass die Schnur straff gespannt ist. Während einer in seine Dosenöffnung spricht, hält sich der andere seine Dose an das Ohr. Über die Schnur werden die Schwingungen vom Mund des Sprechers zum Hörenden geleitet. Klasse, oder?

TUK-TUK-DAMPFBOOT

Das braucht ihr: kleine Blechdose (z. B. von Kondensmilch), Frühstücks-brettchen aus Holz, Säge, Basteldraht, 4 möglichst lange Nägel, Bleistift, Zange, kleinen Nagel, Hammer, Teelicht, Schnur

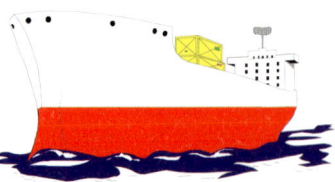

Wisst ihr, was ein „Piff-Paff-Bötchen" ist? Vielleicht sagt dem Papa „Knatterboot" oder „Tuk-Tuk-Boot" etwas. Dahinter versteckt sich ein kleines Blechspielzeug, an dem um 1900 in England viele Kinder Freude hatten. Das Besondere daran war der Dampfantrieb, auf den damals alle Kinder, die „echt cool" sein wollten, scharf waren. Schon viel früher hatten Wissenschaftler entdeckt, dass sich mit Wasserdampf Maschinen antreiben lassen. Niemand ahnte damals, dass diese Erfindung die Welt für immer verändern würde. Baut euch selbst ein mit Dampf betriebenes Boot, um die spannende Technik kennenzulernen.

Schnappt euch dafür die Blechdose und schlagt mit einem Nagel zwei Löcher in den Deckel. Dadurch gießt ihr die Kondensmilch in ein kleines Gefäß. Mit ein wenig Wasser spült ihr eure Milchdose aus. Das Frühstücks-brettchen sollte ein Stück länger sein als die Milchbüchse hoch ist. Mit der Säge schneidet ihr es ganz vorsichtig an einer Schmalseite spitz zu. Schon ist euer kleiner Schiffsrumpf erkennbar!

Legt die Dose der Länge nach auf das Brettchen und achtet darauf, dass ihr hinteres Ende nicht über das Boot herausschaut. Mit dem Bleistift zeichnet ihr die Lage der Blechbüchse mit vier Markierungen an. Legt die Dose kurz beiseite und schlagt für die Halterung an den angezeichneten Markierungen vier Nägel ein. Probiert aus, ob die Büchse auf den Nägeln waagerecht aufliegt. Wenn das noch nicht funktioniert, biegt euch die Nägel mit der Zange zurecht. Füllt Wasser in die Dose, sodass diese etwa zu zwei Drit-teln gefüllt ist, und legt sie auf ihre Halterung. Sie soll dort nicht herunterfallen, zurrt sie also

mit Draht fest. Damit ihr euer Schiff nach der Fahrt wieder an Land holen könnt, schlagt ihr an der Spitze des Bootes den kleinen Nagel ein und bindet daran die Schnur fest. So gerät die Seefahrt nicht außer Kontrolle!

Jetzt wird es spannend: Stellt ein angezündetes Teelicht unter den Büchsentank. Nun setzt ihr euer Boot vorsichtig auf das Wasser. Was wird passieren? Die Hitze des Teelichtes erwärmt das Wasser in der Dose, bis es kocht. Der Dampf, der dabei entsteht, dehnt sich aus und baut einen immer größeren Druck auf. Nur durch die kleinen Löcher kann er entweichen. Dadurch kommt es zum sogenannten Rückstoß-prinzip, das auch beim Raketenantrieb benutzt wird. Bei eurem Piff-Paff-Schiffchen bedeutet dies, das es sich plötzlich vorwärtsbewegt. Solange genug Druck aufgebaut wird, tuckert es voran. Erst wenn das ganze Wasser verdampft ist, bleibt es stehen. Wenn ihr es an Land holt, denkt daran, dass die Blechdose heiß ist!

AHOI, TUK-TUK!!

BRÜCKENBAU

Das braucht ihr: Bach, Steine, Äste und Zweige

Auf einer Wanderung kann Wasser ein richtiges Hindernis sein. Das haben schon die Menschen in der Steinzeit feststellen müssen. Vorsichtig versuchten sie, so manchen Strom zu überwinden. Da die meisten nicht schwimmen konnten, gelang es ihnen nicht, tiefe Flüsse zu durchqueren. Auch wenn das Gewässer recht flach, aber zu breit war, konnten sie es nicht bezwingen, denn strömendes Wasser besitzt eine große Kraft und reißt alles mit sich. Was taten die Steinzeitmenschen?

Zuerst versuchten die Menschen, an seichten Stellen Steine in das Flussbett zu legen, damit sie halbwegs trocken auf die andere Seite kommen konnten. Auch umgestürzte Bäume und Äste wurden genutzt. Not macht erfinderisch! Bald entwickelte sich eine immer bessere Technik daraus, bis die ersten Brücken entstanden. Wollt ihr einmal ausprobieren, ob ihr zum Baumeister taugt?

Ein kleiner, ruhiger Bach eignet sich prima. Da ihr bestimmt ein bisschen nass werdet, sollte es sommerlich warm sein. Zieht eure Schuhe aus und arbeitet barfuß. Zuerst prüft ihr gemeinsam, wie tief das Wasser ist. Es sollte euch nur bis zu den Knien reichen. Seht als nächstes nach, ob schon einige natürliche Hilfsmittel im Bächlein liegen, die ihr benutzen könnt. Das sind beispielsweise dicke Steine, die halb im Sandboden eingegraben sind. Vielleicht ragt auch ein entwurzelter Baum von einem Ufer zum anderen.

Weiteres Baumaterial sammelt ihr in der Umgebung. Steine und tote Äste eignen sich super. Gemeinsam geht der Bau natürlich am besten und macht auch am meisten Spaß! Zu Beginn werden einzelne Steine im Wasser versenkt. Denen folgen weitere, die dazwischen verkeilt werden. Schnell entstehen so erste Brückenpfeiler! Ist das Bächlein sehr flach, könnt ihr den Durchfluss mit gestapelten Steinen immer weiter verengen, bis ein richtiger kleiner Stausee entsteht. Das Wasser drückt mit

Kraft gegen das künstliche Hindernis und ihr müsst den Staudamm immer wieder verstärken.

Lasst ihr dagegen einen kleinen Durchfluss, könnt ihr hier eine stärkere Strömung als im übrigen Wasser beobachten. Damit lässt sich wunderbar spielen! Setzt kleine Papier- oder Rindenschiffchen stromaufwärts in den Bach. Ob eure kleinen Fahrzeuge den Weg durch die Furt finden? Wessen Schiffchen passiert die Engstelle zuerst?

Mit Ästen, die ihr über und zwischen die Steine legt, geht euer Brückenbau weiter. Verkantet sie fest miteinander, damit die Strömung sie nicht fortreißt. Habt ihr das Gefühl, dass euer Bauwerk stabil genug ist, versucht ihr, darüberzubalancieren. Das ist gar nicht so einfach, denn die Oberfläche der Brücke ist nicht glatt und eben. Mit nackten Füßen könnt ihr euer Gleichgewicht am besten halten. Nach ein paar Probeläufen kommt ihr bestimmt immer sicherer auf die andere Seite.

Bevor ihr diesen tollen Natur-Spielplatz verlasst, räumt bitte die Brücke wieder aus dem Bach, damit die kleinen Fische nicht gefangen sind! Ihr wisst jetzt ja, wie ihr euch eine neue bauen könnt.

BROT AUF STEIN

Das braucht ihr: *Lagerfeuer, flachen Stein, lange Grillgabel, 350 g Mehl, Backpulver, Prise Salz, 40 g Butter oder Margarine, 1 Ei, 100 ml Milch*

Ist es nicht aufregend, in der Natur um ein loderndes Lagerfeuer zu sitzen und in die Flammen zu schauen? Wenn ihr dann Hunger bekommt, backt 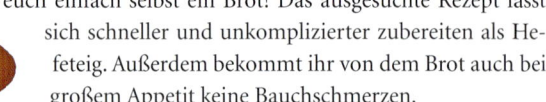 euch einfach selbst ein Brot! Das ausgesuchte Rezept lässt sich schneller und unkomplizierter zubereiten als Hefeteig. Außerdem bekommt ihr von dem Brot auch bei großem Appetit keine Bauchschmerzen.

Alle Zutaten außer der Milch zu einem leicht krümeligen Teig verarbeiten. Danach die Milch dazugeben und unterrühren. Fertig!

In der Zwischenzeit ist euer Lagerfeuer richtig in Gang gekommen. Möglichst dicht am Mittelpunkt des Feuers habt ihr zu Beginn einen flachen Stein platziert, der sich in der Glut tüchtig aufgeheizt hat. Formt aus dem Brotteig kleine Kugeln, die ihr zu flachen Fladen drückt. Mit der Grillgabel  setzt ihr sie zum Backen auf den heißen Stein. Ist kein metallener Grillspieß vorhanden, sucht sich der echte Cowboy das, was die Prärie ihm bietet: lange, dünne Stöcke, die vorne angespitzt und gesäubert werden. Je größer das Feuer, desto länger der Stock! Vergesst nicht, dass Holz schnell Feuer fängt. Überhaupt sind hier das wachsame Auge und die Hilfe von Papa gefragt!

Es dauert nicht lange, dann könnt ihr euch euren Fladen wieder vom Stein angeln. Sollte er ein paar schwarze Stellen haben, kratzt ihr sie ab. Das gehört dazu und verdirbt dem Cowboy nicht den Spaß!

ANGELAUSFLUG

Das braucht ihr: Ast, Angelsehne, Taschenmesser, Haken, Brot und viel Geduld

Mögt ihr Fisch? Selbst geangelt schmeckt er gleich
doppelt so gut! In einigen Regionen dürfen Kinder erst ab
zehn Jahren einen Jugendfischerei-Schein machen und mit einer
„richtigen" Sportangel loslegen. Mit Papas Unter-
stützung und der selbst gebauten Angel geht es
schon früher. Aber Achtung: Fische sind Lebewe-
sen. Lasst sie nicht leiden! Wer einen Angel-
schein macht, weiß, wie er sich richtig verhält.
Aber da noch kein Meister vom Himmel gefallen ist, könnt ihr vorher schon erste Erfahrungen sammeln. Eine gemütliche Fahrt mit dem Ruderboot (Vorschlag auf
S. 124), bei der ihr eine selbst gebaute Rute ausprobiert, vermittelt
echte Anglerstimmung!

Ein gerader Ast, der nicht zu
biegsam ist, eignet sich bestens.
Er sollte nicht länger sein, als ihr
groß seid. Befreit ihn vorsichtig mit
dem Taschenmesser von allen kleinen Unebenheiten. In die Spitze schneidet ihr eine kleine Kerbe,
damit die Angelschnur eine Führung bekommt. Die
Schnur besteht aus einer robusten Kunststoffsehne,
die es in verschiedenen Stärken gibt. Schneidet
euch von der Rolle ein etwa zwei Meter langes
Stück ab. Führt die Sehne durch die Kerbe
und verknotet die Schnur gut! Es fehlt noch
ein kleiner Haken, der an
ihrem Ende befestigt wird.
Statt eines Regenwurms könnt ihr als
Köder auch ein kleines Stück Brot nehmen.
Jetzt heißt es Geduld haben.

PETRI HEIL!

GERÄUSCHERATEN

Das braucht ihr: Aufnahmegerät, Geräusche

Habt ihr schon das „Lebensmittel-Raten" aus dem Kapitel „Papa als Koch" probiert? Dann habt ihr festgestellt, wie wichtig eure Augen für euch sind. Würdet ihr nichts sehen, müssten die andere Sinne stärker als sonst einspringen. Was aber ist mit den Ohren? Könnt ihr Dinge, die ihr jeden Tag in eurer Umgebung hört und dabei auch seht, nur an ihrem Klang erkennen? Funktioniert das mit verbundenen Augen? Das folgende kleine Rätselspiel zeigt es euch!

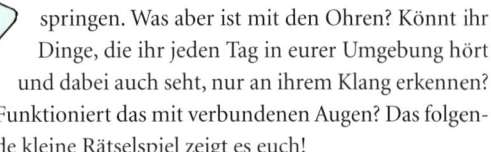

Sie, lieber Papa, übernehmen die Vorbereitungen. Das wichtigste Utensil, das Sie dazu brauchen werden, ist ein Aufnahmegerät. Ob das ein Handy, ein Diktiergerät oder der gute, alte Kassettenrecorder ist, spielt keine Rolle. Was allein zählt, ist, dass das aufgenommene Geräusch klar und unverfälscht wiedergegeben werden kann.

Machen Sie sich eine Liste mit den Klängen, die Sie verwenden möchten. Die leistet auch bei der späteren Auflösung gute Dienste. Je nach Alter Ihres Kindes sollten Sie mit leichteren Aufgaben beginnen und die Schwierigkeit mit den Jahren erhöhen. Fangen Sie mit den Geräuschen an, die in Ihrem Haushalt typisch sind, denn diese sind am vertrautesten. Das kann z. B. das Schleudern der Waschmaschine sein oder das Brodeln des Wasserkochers. Wenn Sie unsicher sind, schließen Sie selbst die Augen und konzentrieren Sie sich nur auf Ihr Gehör. Hätten Sie die Töne erkannt?

Wählen Sie für jede Sequenz eine ausreichend lange Aufnahmezeit, damit sich Ihr Kind auf das Spezielle des Gehörten einstellen kann. Stellen Sie möglichst viele verschiedene Geräusche zusammen. Schon in der Küche gibt es viele Möglichkeiten: Das Zischen einer Limonadenflasche, die geöffnet wird, das Schließen einer Schublade, das Entkorken einer Weinflasche, das Rascheln einer Chipstüte.

Im Wohnzimmer können Sie das Klappern der Jalousien aufnehmen, das beim Heraufziehen oder Herunterlassen entsteht. Auch das Klirren des Schlüsselbundes oder Klappern des Briefschlitzes lassen sich prima verwenden. Erkennt Ihr Kind wohl das Zuschlagen Ihrer Autotüren oder das Quietschen des Gartentors?

Wenn Sie mit Ihrem Sohn auf dem Land leben oder viel in der Natur unterwegs sind, erweitert sich der Kreis der Möglichkeiten. Das Zirpen einer Grille, der Ruf eines Kuckucks, das Klopfen des Spechtes oder das Gurren einer Taube werden dann für ihn nicht schwierig zu identifizieren sein. Wie immer sind Ihrer Fantasie keine Grenzen gesetzt und es fallen Ihnen bestimmt noch viele weitere Geräusche ein.

Ist alles aufgezeichnet, setzen Sie sich mit Ihrem Sohn gemeinsam an einen ruhigen Ort. Ob Sie die unterschiedlichen Plätze wie Küche oder Garten verraten, bleibt Ihnen überlassen. Richtig schwierig und spannend wird es, wenn Sie die Geräuschquellen mixen und keine Hilfestellung zu ihrer Herkunft geben. Probiert aus, ob es sich leichter mit geschlossenen oder geöffneten Augen raten lässt.

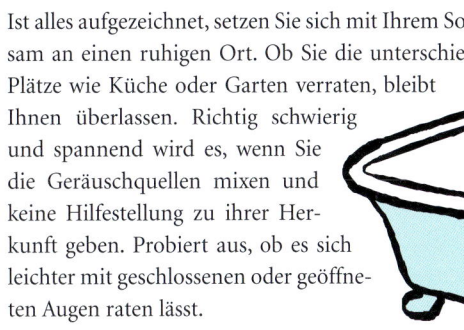

WALDOLYMPIADE

Das braucht ihr: alles, was der Wald euch bietet

Vielleicht geht ihr gern zu den Wettkämpfen der Leicht-
athleten oder schaut sie euch im Fernsehen an. Ihr könnt auch
verschiedene Wettkämpfe meistern, ohne dazu Sportplatz und
Geräte zu brauchen. Geht doch einfach in den Wald und haltet
dort eure eigene Olympiade ab!

Bevor der Wettbewerb startet, macht ihr euch erst einmal warm. So sind
Muskeln und Sehnen vorbereitet. Joggt vom Parkplatz in den Wald und
dehnt und streckt euch ausgiebig.

1. Disziplin: Weitwurf
Sucht euch eine gerade Wurf-
strecke und markiert einen Startpunkt. Wer kann mit Tannenzapfen
am weitesten werfen?

2. Disziplin: Hockseitsprung
Ein großer liegender Baumstamm
eignet sich als Sportgerät für mehrere Übungen. Stützt euch mit bei-

 den Händen darauf
ab und springt mit
geschlossenen Bei-
nen auf die andere
Seite. Wer von euch schafft die
meisten Wenden, ohne Pause zu
machen?

3. Disziplin: Balancieren
Als nächstes wird auf dem Stamm
balanciert! Probiert es erst vorwärts, bevor ihr es vorsichtig rückwärts wagt.

4. Disziplin: Klimmzüge
Seht ihr einen starken Ast, der
nicht zu hoch hängt? Prima, dann
werden jetzt Klimmzüge gemacht!
Danach habt ihr euch eine kleine
Getränkepause verdient, denn
Sport ist anstrengend und macht
durstig.

5. Disziplin: Weitsprung
Weiter geht es mit Weitspringen.
Waldwege sind weich und ihr könnt
euch kaum verletzen. Markiert einen Punkt, von dem ihr abspringen
wollt. Ordentlich
Anlauf nehmen
und hepp! Jeder
hat drei Sprünge.

Wer ist der glückli-
che Olympiasieger?

GRUSELNACHT

Das braucht ihr: viel Fantasie

Wer es gruselig liebt, wartet sehnsüchtig auf Halloween. Aber warum eigentlich? Schaurig kann es das ganze Jahr sein. Plant einmal im Sommer eine richtige Gruselpartynacht mit euren Freunden!

Schon ein Spaziergang durch ein bekanntes Waldstück hat etwas Unheimliches, wenn er im Dunkeln stattfindet. Nehmt euch an die Hand und marschiert einen kurzen Rundweg mit ausgeschalteter Taschenlampe. Alle Geräusche erscheinen euch plötzlich fremd und gefährlich. Natürlich wisst ihr, dass es keine Gespenster gibt, aber manche Bäume sehen doch ein bisschen geisterhaft aus. Komisches Gefühl, oder?

Auch euer Wohn- oder Kinderzimmer wird zum Gruselkabinett, wenn ihr die Rollläden herunterlasst und das Licht ausknipst. Einer von euch setzt sich auf einen Stuhl und der andere streicht ihm langsam mit einem dünnen Tuch über die Haare und das Gesicht. Wenn er jetzt noch Geisterstimmen nachmacht, wird es erst schaurig für den Sitzenden und hinterher bestimmt sehr lustig für euch beide.

Wo kommt schneller Gruselstimmung auf, als an einem Lagerfeuer? Ihr sitzt vor den warmen Flammen, der Mond scheint, Wolkenschleier ziehen am Himmel vorbei. Das lädt zum Geschichtenerzählen ein. Wer erfindet die unheimlichste Geschichte, die alle vor Spannung den Atem anhalten lässt? Wer macht die schaurigsten Gespenstergeräusche oder heult wie ein Werwolf, dass es euch eiskalt den Rücken herunterläuft?

Nach so viel Geisteratmosphäre braucht ihr zur Entspannung erst einmal eine ordentliche Stärkung in einer hellen Umgebung!

Hey, ihr Matrosen! Ihr denkt, ihr habt alles gesehen auf den sieben Meeren der Welt, jedes Seeungeheuer mit drei Köpfen, jede grauenhafte Seeschlange? Dass ich nicht lache! Was wisst ihr schon? Hört, was ich Schreckliches zu berichten habe!

Wir waren mit unserem Segelschiff unterwegs von Madagaskar, wo wir Gewürze aufgeladen hatten. Die Heimfahrt war gefährlich, denn überall lauerten Piraten, die reiche Beute witterten. Am zweiten Abend geschah es: Ein Schiff mit einem Totenkopf auf der Flagge holte uns ein. Wilde Seeräuber grölten Kampfansagen und schwangen Säbel und Enterhaken. Schon kamen die ersten Kerle an Bord, aber unsere Mannschaft verteidigte sich tapfer. Es gab harte Zweikämpfe und Rangeleien, nur waren uns die Piraten in ihrer Zahl überlegen. Uns drohte der Untergang. Wir waren verloren!

Plötzlich ein Schrei! (Hier sollten Sie schreien.)

Aus dem Nebel tauchte geräuschlos ein Schiff mit zerrissenen Segeln auf. Es hielt genau auf uns zu. Ein Geisterschiff! Die Piraten brachen in Panik aus und machten sich vor Angst fast in die Hose. Sie konnten gar nicht schnell genug auf ihren Kahn zurückkehren. Alles wurde zurückgelassen, nur um sofort den eigenen Anker zu lichten und die Segel zu setzen. Zu spät! Schon waren die Gespenster nah genug. Grinsende Skelette mit zerlumpten Kleiderfetzen fielen über unsere Angreifer her und schleppten sie auf das unheimliche Schiff! Nichts und niemand konnte sie retten!

Als der letzte gefangen und an Bord gebracht war, schwebte das Geisterschiff lautlos davon und verschwand im dichten Nebel. Einzelne Schreie hallten verloren über das Meer.

Wir waren gerettet! Aber nie, nie wieder werde ich diese unheimliche Reise vergessen!

HÖHLENWANDERUNG

Das braucht ihr: feste Schuhe, Jacke

Eine Höhle hat etwas Faszinierendes und Geheimnisvolles! Die Schönheit von Tropfsteinhöhlen oder Wandmalereien zieht die Menschen seit Jahrhunderten in ihren Bann. In vielen Regionen gibt es eine Menge dieser natürlichen Gewölbe, die man besichtigen kann.

Eine Höhle ist oft nicht nur ein einzelner Raum. Viele verschachtelte Kammern, oft über mehrere Etagen verteilt, können ein kompliziertes System bilden, in dem es an einigen Stellen kein Tageslicht gibt. Ein Besuch sollte nie auf eigene Faust erfolgen, da ihr euch wie in einem Labyrinth verlaufen könnt!

In öffentlichen Anlagen für Besucher gibt es Rundwege, die besonders gekennzeichnet sind. Dort brennt auch elektrisches Licht, damit man die wunderschönen Gesteinsformationen erkennen kann. Manchmal kann man auch mit einem Führer hinabsteigen. Solche Leute kennen sich aus und können viel Aufregendes und Interessantes über Steine, kleine Wasserstellen oder die Geschichte der Umgebung erzählen.

Auch an heißen Sommertagen ist es in einer Höhle nicht besonders warm. Ähnlich wie in einem Keller, scheint hier ja nie die Sonne herein. Je tiefer es in die Erde hinabgeht, desto kühler wird es. Mit einer Jacke oder einem Anorak seid ihr passend angezogen. Oft ist es auch feucht, sodass es von der Decke tropft und die Wege rutschig sein können. Feste Schuhe geben euch dann einen besseren Halt als leichte Sommersandalen. Gut vorbereitet, könnt ihr das Abenteuer auch richtig genießen!

COWBOY-TAG

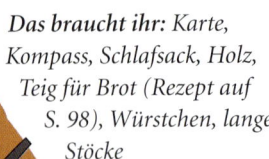

Das braucht ihr: Karte, Kompass, Schlafsack, Holz, Teig für Brot (Rezept auf S. 98), Würstchen, lange Stöcke

Als der Wilde Westen noch wirklich wild war, gab es dort außer den Indianern nur wenige Menschen. Erst nach und nach zogen vom weit entfernten Europa Siedler in das riesige und unbekannte Amerika. Das Leben war hart. Es gab keine Städte, kein fließendes Wasser, keinen Strom, dafür aber jede Menge unbekannte Gefahren. Viele Männer arbeiteten als Cowboys, um große Viehherden durch das Land zu treiben.

Probiert einmal aus, wie spannend der Alltag ohne einige selbstverständliche Dinge sein kann. Werdet für einen Tag ein echter Cowboy!

In Amerika gibt es nicht nur Steppen, sondern auch Wälder. Sucht euch ein Waldgebiet in eurer Nähe aus und besorgt euch davon eine Karte. Auch einen Kompass solltet ihr mitnehmen. Da es früher von Amerika noch keine gezeichneten Pläne gab, konnten sich die Cowboys tagsüber nur am Stand der Sonne orientieren und nachts an den Sternen. Ab und zu gab es einen markanten Punkt, der ihnen den Weg zeigte. Das konnte z. B. ein besonders geformter Felsen sein. Mit einer Karte und dem Kompass ist das für euch heute viel einfacher. Versucht euch trotzdem auch an der Natur zu orientieren. Wo steht die Sonne? Welche Himmelsrichtung zeigt sie euch zu welcher Uhrzeit an? In welche Richtung müsst ihr gehen? Na, das ist doch schon ein aufregender Anfang!

Natürlich darf man in einem Wald kein offenes Lagerfeuer machen. Das wäre viel zu gefährlich. Holt das, wenn möglich, auf eurem

Grundstück nach, nachdem ihr durch die Landschaft gestreift seid. In Filmen sieht das ganz einfach aus. Und in Wirklichkeit?

Ein sandiger Untergrund für den Feuerplatz ist ideal. Gras und andere brennbare Dinge werden entfernt. Durch einen Kreis aus Steinen ist euer Feuer nicht nur windgeschützt, sondern kann sich auch nicht so schnell unkontrolliert ausbreiten. Habt ihr genügend trockenes Brennholz gesammelt, kann es losgehen. Kleine Äste und zusammengeknülltes Papier zündet ihr zuerst an. Wenn das brennt, legt ihr langsam größere Holzstücke nach. Denkt daran, die Flammen nie unbeaufsichtigt brennen zu lassen!

So viel Arbeit macht Appetit. Wie wäre es mit einem leckeren Stockbrot? Der Teig dafür lässt sich gut vorbereiten und mitnehmen. Zum Backen spießt ihr einfach ein wenig davon auf lange Stöcke. Auch Würstchen könnt ihr auf diese Weise über dem Feuer grillen. Ein paar Geschichten aus der Prärie dazu, vielleicht kann auch jemand Gitarre oder Mundharmonika spielen, und ihr singt gemeinsam.

Irgendwann ist auch ein Cowboy müde! Ist das Wetter nicht zu kalt, krabbelt ihr in euren mitgebrachten Schlafsack hinein. Heute wird in den Kleidern geschlafen! Wenn eure Augen noch nicht zufallen wollen, dreht euch auf den Rücken und betrachtet die Sterne über euch. Auch die echten Cowboys in Amerika haben unter ihren Decken liegend zu ihnen hinauf geschaut.

Was werden sie wohl damals geträumt haben?

In die Pilze gehen

Das braucht ihr: Pilzbuch, Taschenmesser, Korb,
Rezept für Pilzsoße

Von der Mitte des Sommers bis weit in den
Herbst hinein wachsen in unseren Wäldern
viele tausend verschiedene Pilzarten. Wer von
euch bisher nur Champignons aus der
Dose gegessen hat, weiß gar nicht,
wie lecker ein Gericht aus frischen
Exemplaren schmeckt!

Kennt ihr euch mit den verschiedenen Pilzen aus, dann wisst
ihr, welche essbar und welche ungenießbar oder sogar giftig sind.
Seid ihr dagegen Anfänger, könnt ihr das nicht unterscheiden. Vielleicht begleitet ihr erst einmal einen erfahrenen
Kenner und lasst euch von ihm einiges zeigen. Ein Buch
leistet euch zwar gute Dienste, um die verschiedenen ge-
fundenen Sorten zu bestimmen, aber beim Sammeln solltet ihr
euch nicht nur darauf verlassen. Macht euch unbedingt vorab mit
den wichtigsten Giftpilzen vertraut, denn eine Vergiftung kann
schlimme Folgen haben. Der bekannteste ist der Fliegenpilz mit seiner leuchtend roten Kappe und den weißen Pünktchen. Andere gefährliche
Arten sehen essbaren Sorten sehr ähnlich und können leicht mit ihnen ver-
wechselt werden.

Mit der richtigen Kleidung geht es in den Wald! Lange Hosen, Strümpfe und
feste Schuhe bieten Schutz vor Zecken. Für die Pilze braucht ihr ein Taschenmesser und ein kleines Körbchen. Eine Plastiktüte ist
zum Sammeln ungeeignet, denn darin verdirbt
eure Ausbeute fast sofort. Habt ihr ein essbares
Exemplar gefunden, schneidet ihr es am Stiel
ab oder dreht es aus dem Waldboden heraus. Bitte reißt einen Pilz niemals einfach aus, denn sonst
kann er nicht mehr nachwachsen. Kleine Pilzchen
werden stehen gelassen, damit sie erst wachsen

und ihre Sporen verteilen können. Bevor ihr euren Fund in das Körbchen legt, wird er von Erde, Tannennadeln und Ungeziefer gereinigt.

Seid ihr nicht sicher, ob es sich um eine essbare Art handelt, verzichtet ihr besser darauf. Tiere essen auch Pilze, die für uns giftig sind. Sie freuen sich deshalb, wenn ihr ihnen die Nahrung nicht zerstört, sondern sie einfach an Ort und Stelle lasst. In einigen Städten gibt es spezielle Beratungsstellen, bei denen ihr den Inhalt eures Körbchens begutachten lassen könnt.

Nach dem Sammeln geht es an die Zubereitung. Da Pilze schnell verderben, lasst ihr sie euch am besten noch am gleichen Tag schmecken. Die meisten Arten dürfen nicht roh gegessen werden, sondern sollten immer gut gegart werden. Das folgende Rezept eignet sich für eine Soße, die zu Nudeln und Schnitzel passt oder auch als Füllung eines Pfannkuchens köstlich schmeckt:

Das braucht ihr: 300 g Pilzstücke (Pfifferlinge, Steinpilze, Maronen, Butterpilze etc.), klein geschnittene Zwiebel, etwas gewürfelter Speck, 3 EL Butter, Salz und Pfeffer, Sahne, klein geschnittene Petersilie

Säubert die Pilze mit Küchenrolle oder einer kleinen Bürste. Bratet die Zwiebel und den Speck in der zerlassenen Butter an und gebt die Pilze dazu. Mit Salz und Pfeffer abschmecken. Langsam die Sahne dazugeben und einkochen lassen. Mit Petersilie überstreuen. Fertig ist die oberleckere Universal-Pilzsoße!

GUTEN APPETIT!

ZEITKAPSEL

Das braucht ihr: alles, was euch wichtig ist
(z. B. Tageszeitung, Lieblingsfoto, gemaltes
Bild etc.), kleine Blechdose

Zehn Jahre sind eine lange Zeit! Vor zehn Jahren wart ihr noch gar nicht auf
der Welt oder konntet noch nicht sprechen. In zehn Jahren werdet ihr keine
Kinder mehr, sondern schon erwachsen sein. Ob ihr euch dann noch daran
erinnert, was ihr heute alles erlebt habt, was es heute alles gibt und was ihr
heute alles könnt?

Bewahrt euch diese spannenden und lustigen Erinne-
rungen in einer Zeitkapsel auf. Dafür eignet sich ein
kleiner fester Karton oder eine Blechdose.

Und das sind einige Vorschläge für den Inhalt:
1. Aktuelle Tageszeitung
2. Selbst gemaltes Bild
3. Aktuelles Foto von euch und eurer Familie
4. Technikkatalog mit den neuesten Geräten
5. Liste mit den Dingen, die ihr sehr gern mögt
6. Liste mit den Dingen, die ihr gar nicht mögt
7. Liste mit den Namen eurer Freunde

8. Liste mit eurem Lieblingsessen, der Lieblingsmusik und den Lieb-
lingssportlern, den Lieblingsbüchern, -filmen, -spielen etc.
9. Schreibt auf, was ihr glaubt, was es in zehn Jahren alles geben
wird (z. B. Ufos?)

Bestimmt habt ihr auch selbst viele Ideen, was ihr alles aufbewahren
wollt. Packt alles in die kleine Kiste und klebt sie fest mit Klebeband zu.
Auf das Band schreibt ihr: Erst im Jahr xy (z. B. 2022) öffnen!

Danach stellt ihr sie auf den Dachboden oder in den Keller. Wenn ihr eine
wasserfeste Dose habt oder sie in eine Tüte einpackt, könnt ihr sie sogar
vergraben, eine Schatzkarte malen und sehen, ob ihr sie in zehn Jahren wie-
derfindet.

PAPA ALS SPORTLER

Das braucht ihr: 2 ferngesteuerte Autos, Kreide, Hindernisse (z. B. Steine, Kartons)

Wenn kleine Autos durch die Gegend flitzen, haben Kinder und Erwachsene ihren Spaß! Ob Renner, Sportwagen, LKW oder Geländewagen – es gibt eine riesige Auswahl an Modellen. Dabei können einige der kleinen Geschosse eine Geschwindigkeit von bis zu 90 km/h erreichen! Lust auf ein kleines Wettrennen zwischen Papa und Sohn?

Dafür braucht ihr zuallererst eine gut asphaltierte Rennstrecke. Bestimmt habt ihr ein Einkaufszentrum in eurer Nähe, dessen Parkfläche sonntags leer steht. Bestens! Zeichnet mit Kreide die Begrenzungen eurer Strecke auf den Boden. Steine, kleine Kartons oder mit Wasser gefüllte Plastikflaschen verwendet ihr als Hindernisse für einen Slalomlauf. Dabei kommt es auf eure Geschicklichkeit und die Wendigkeit der Fahrzeuge an. Je enger die Hindernisse zusammenstehen, desto schwieriger wird es für euch als Rennfahrer, denn auch die kleinen ferngesteuerten Autos können schleudern oder aus der Kurve fliegen!

Neben dem Slalomkurs plant ihr ein langes gerades Straßenstück ein, auf dem es nur darum geht, so schnell wie möglich zu fahren. Sind Start- und Zielpunkt festgelegt, kann sich die Startfahne senken!

Für Geländewagen legt ihr auf sandigem oder erdigem Gelände eine Offroad-Strecke an. Steile Hügel, Senken und enge Kurven sollten sich abwechseln. Auch hier gilt: Wer die Strecke als Schnellster bewältigt, ist Sieger!

AUF DIE PLÄTZE, FERTIG, LOS!

SAUNIEREN

Das braucht ihr: Handtücher zum Sitzen und zum Abtrocknen für jeden, Bademäntel, Duschgel, Badelatschen, ausreichend Wasser zum Trinken

Draußen ist es kalt, der Schnee fällt in dicken Flocken. Da ist es herrlich, in die heiße Sauna zu gehen! Die Aktivität ist prima geeignet für Papa und Sohn, denn sie stärkt nicht nur die Abwehrkräfte, das schweigende Schwitzen bietet zusätzlich einen erholsamen Ausgleich zu der Action, die den Alltag mit den lieben Kleinen beherrscht. Zudem sorgt der Saunabesuch für ein sich gesund entwickelndes Körpergefühl.

Es gibt viele verschiedene Saunas: solche mit Temperaturen von 60, 90 oder 110 Grad, Dampfsaunas mit nur 55 Grad, aber hoher Luftfeuchtigkeit und solche mit verschiedenen Kräuteraufgüssen. Probiert aus, welcher Typ euch am besten gefällt und was ihr am besten aushaltet! Vor dem Saunieren wird geduscht. Hängt euren Bademantel an den Platz, wo ihr auch eure Badelatschen lasst. In den Schwitzraum nehmt ihr ein großes Handtuch mit, auf das ihr euch setzt. Da sind alle nackt, sogar der Bankdirektor – lustig, oder? Und alle schwitzen wie verrückt!

Zehn bis fünfzehn Minuten reichen für einen Durchgang vollkommen aus. In dieser Zeit hat euch die Hitze richtig zum Schwitzen gebracht. Deshalb duscht ihr euch kalt ab. Wenn draußen Schnee liegt, könnt ihr euch auch darin wälzen. Das macht Spaß und erstaunlicherweise wird euch dabei nicht kalt sein!

Saunieren ist anstrengend. Deshalb solltet ihr etwa eine halbe Stunde ausruhen, bis ihr den zweiten Durchgang startet. Trinkt vor dem Saunabesuch und anschließend reichlich Wasser, um den Flüssigkeitsverlust wieder auszugleichen, die ihr durch das Schwitzen verloren habt. Nach der Sauna fühlt ihr euch sauber und angenehm müde.

Heute Nacht werdet ihr bestimmt gut schlafen!

WORK-OUT FÜR MUCKIMÄNNER

Das braucht ihr: 2 Matten, Ball, Springseil, 2 volle Wasserflaschen

Fitness ist keine Frage des Alters. Wer fit ist, fühlt sich wohl und hat mehr Energie. Um eure Kondition zu verbessern, müsst ihr nicht in ein Sportstudio oder auf den Sportplatz gehen. Ein Fitnesstraining daheim mit Papa macht Spaß und ist effektiv.

Zu Beginn wärmt ihr euch auf, denn sonst könnt ihr euch verletzen. Dazu eignen sich Dehnübungen gut. Streckt die Arme in die Luft und beugt euch in der Taille abwechselnd nach rechts und links.

Zieht mit der Hand einen Fuß nach hinten zu eurem Po, als wolltet ihr euch selbst einen kleinen Tritt geben, und haltet diese Stellung für einige Sekunden. Danach ist der andere Fuß dran.

Stellt die Füße gerade nebeneinander und beugt euch mit hängenden Armen nach vorn. Könnt ihr mit den Handflächen den Boden berühren, ohne dass ihr die Knie beugt? Es ist ein gutes Zeichen, wenn eure Fingerspitzen den Boden erreichen. Jetzt tippt mit beiden Händen abwechselnd rechts neben den rechten Fuß und links neben den linken Fuß. Es ist im Allgemeinen besser, die Bewegungen nicht zu ruckartig auszuführen und nicht zu federn.

Ein kleiner Dauerlauf schließt das Aufwärmen ab. Entweder, rennt ihr kurz um den Block oder ihr joggt im Wohnzimmer auf der Stelle.

Für straffe Muskeln in Armen und Bauch sind Liegestütze ideal. Legt euch auf den Bauch und stellt die Hände in Brusthöhe nebeneinander auf den Boden, sodass sie ein wenig breiter als euer Oberkörper stehen. Dann die Füße auf die Zehenspitzen stellen und den gesamten Körper gespannt anheben. Jetzt senkt ihr die Arme mit dem Körper ab und drückt euch wieder

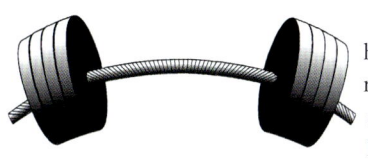

hoch. Gebt nicht auf, wenn das nur zweimal richtig klappt! Vielleicht schafft ihr morgen schon drei Wiederholungen. Für eine leichtere Variante stützt ihr euch nicht auf die Zehen, sondern auf die Knie. Die Unterschenkel winkelt ihr einfach an – so braucht ihr viel weniger Kraft zum Hochdrücken.

Die nächste Übung heißt Kerze: Legt euch mit dem Rücken auf eure Bodenmatte. Mit Schwung schwingt ihr beide Beine senkrecht nach oben und stützt euren Rücken mit den Händen ab. Das Gewicht ruht auf den Schultern. Jetzt seht ihr fast aus wie eine lange, schlanke Kerze.

Mit einem großen Ball könnt ihr tolle Übungen zu zweit machen. Stellt euch mit ein wenig Abstand gegenüber. Einer von euch beiden dreht dem anderen jetzt den Rücken zu und wirft den Ball durch die Beine hindurch zu seinem Partner. Dann wird gewechselt.

Setzt euch auf den Boden, sodass sich eure Füße berühren. Jetzt nehmen Sie, lieber Papa, den Ball zwischen die Füße und rollen damit auf den Rücken. Dann kommen sie mit Schwung wieder in den Sitz und geben den Ball an Ihren Sohn weiter. Dieser packt den Ball mit beiden Füßen und wiederholt die Übung.

Eure Kondition könnt ihr auch mit Seilspringen verbessern. Fordert euch zu einem richtigen kleinen Wettkampf heraus. Wer kann es am längsten? Wer schafft die meisten Sprünge innerhalb einer Minute?

Eine volle Wasserflasche aus Plastik ist eine tolle Hantel. Sie, lieber Papa, nehmen in jede Hand eine Flasche und halten sie waagerecht mit gestreckten Armen neben den Körper. Heben und senken Sie die Arme abwechselnd. Der Sohn nimmt eine Flasche in beide Hände vor den Körper und macht die gleiche Übung.

Na, wer von euch hat die bessere Kondition? Haben euch die Übungen Spaß gemacht, wiederholt sie regelmäßig. Dann seid ihr nicht nur ein tolles Team, sondern auch richtig fit!

SPASSIGE SPIELE IM WASSER

Das braucht ihr: *Sonne, Wasser und gute Laune*

Wenn es im Sommer richtig heiß ist, erfrischt ein Bad im kühlen Wasser. Mit Papa zu planschen, sorgt nicht nur für Abwechslung, sondern bringt euch beiden besonders viel Spaß!

Wenn ihr Glück habt, gibt es am See ein Seil, um sich wie Tarzan ins Wasser zu schwingen. Gibt es Schlick oder Entengrütze, juckt es euch bestimmt in den Fingern, damit eine kleine Schlacht zu veranstalten.

Im Schwimmbad lädt die Rutsche zu allerhand Unfug ein. Hier kann man auch prima nach Gewichten tauchen. Am Meer kann man sich von den Wellen tragen lassen oder den anderen bis zum Kopf in den Sand eingraben.

Keine Angst, beim Toten Mann wird es nicht gefährlich! Man legt sich dabei ganz flach ins Wasser. Wenn man sich ganz gerade macht und den Bauch ein wenig nach oben drückt, treibt man wie ein Brett an der Oberfläche. Einfach ruhig atmen und entspannen! Dann kann der jeweils andere den Toten Mann an den Füßen behutsam durch das Wasser schieben.

Wer von euch macht die beste Arschbombe? Überprüft vorher, ob das Wasser an dieser Stelle auch tief genug ist, damit ihr euch nicht verletzt. Jetzt nehmt kräftig Anlauf und springt mit angezogenen Beinen in das kühle Nass. Bei wem das Wasser am höchsten spritzt, hat gewonnen. Eine zünftige Arschbombe ist ein beliebter Klassiker, aber für das Dream-Team Vater-Sohn natürlich eine leichte Übung. Als Sprungbrettkünstler könnt ihr bestimmt auch Kopfsprung, Kerze, Eisbein und Cliffhanger. Delfinsprung, Salto und vierfach geschraubten Auerbach habt ihr bereits im Repertoire? Dann wird es Zeit, sich selbst Sprünge auszudenken! Überlegt euch abwechselnd originelle Varianten. Die können lustig aussehen wie bei einem Clown oder richtig professionell. Dann könnt ihr zusammen überlegen, welchen coolen Namen der Sprung bekommen könnte. Wie wäre es z. B. mit Rückwärtsflip, Weißer Hai oder Tandem-Doppel-Klatscher?

GESCHICKTE KLETTERÄFFCHEN

Das braucht ihr: geeignete Kleidung und feste Schuhe

Ein Hochseilgarten bietet spannende sportliche Herausforderungen. Mehrere Masten, Bäume oder Plattformen sind durch Hängebrücken, Seile oder Balken zu einem Parcours miteinander verbunden. Bei einem Niedrigseilgarten absolviert ihr den Rundgang etwa einen Meter über dem Boden. Macht die Höhe der Elemente dagegen eine Sicherung für euch nötig, spricht man von einem Hochseilgarten. Bestimmt gibt es einen in eurer Nähe!

Hier könnt ihr zeigen, wie gut das Team Papa-Sohn ist, denn ohne Zusammenarbeit klappt gar nichts! Ihr müsst klettern, euch festhalten, balancieren, rutschen und hangeln und euch unter Anleitung eines Betreuers gegenseitig sichern. Arbeitet ihr nicht zusammen, werdet ihr die Hindernisse nicht bezwingen.

Meistens gibt es unterschiedlich schwere Rundgänge innerhalb eines Klettergartens. Ob ihr euch für die niedrige oder hohe, für die schwere oder leichte Variante entscheidet, hängt von eurer Schwindelfreiheit und der Einschätzung eurer Geschicklichkeit ab. Fangt vielleicht mit einem einfachen Durchgang an und probiert dann, wie euch die schweren Aufgaben gefallen.

Eine Runde findet meist in kleinen Gruppen statt, die von Trainern begleitet werden. Gurtsysteme, die beim Bergsteigen verwendet werden, schützen euch vor einem möglichen Absturz. Für den Kopf gilt Helmpflicht.

Wenn ihr euch gegenseitig helft und vertraut, wird euer Ausflug in den Klettergarten zu einem spannenden Abenteuer!

Fußball, Handball oder Völkerball kennt ihr bestimmt. Aber habt ihr die folgenden Spiele schon einmal ausprobiert? Die haben schon euren Großeltern viel Spaß gemacht!

Ball-an-die-Wand

Dieses Spiel kann man zu zweit mit einem Ball an einer Hausmauer spielen. Jede Variante wird zehnmal wiederholt. Ein Spieler ist so lange an der Reihe, bis er einen Fehler macht. Erst wenn er einen Fehler macht, z. B. einmal zu viel klatscht, löst ihn der andere Spieler ab.

Werft den Ball gegen die Wand …

… und lasst ihn einmal am Boden aufspringen, bevor ihr ihn auffangt.

… und fangt ihn direkt wieder auf.

… und klatscht einmal in die Hände, bevor ihr ihn fangt.

… und klatscht zweimal in die Hände.

… und klatscht dreimal in die Hände.

… und klatscht einmal vor dem Bauch und einmal hinter dem Rücken in die Hände.

… und lasst ihn einmal aufspringen, während ihr eine ganze Drehung um die eigene Achse macht.

… und klatscht in die Hände, während ihr euch einmal dreht.

… und klatscht in die Hände, während ihr euch zweimal dreht.

Schweinchen-in-der-Mitte

Für dieses Spiel müsst ihr mindestens drei Personen sein. Während zwei einander gegenüberstehende Spieler sich den Ball zuwerfen, steht einer als sogenanntes Schweinchen in der Mitte. Er muss versuchen, den Ball zu bekommen. Das ist nicht leicht, denn die beiden äußeren Spieler werfen den Ball absichtlich hoch, damit ihn das Schweinchen nicht abfangen kann. Es ist dem Schweinchen in der Mitte verboten, die anderen zu berühren oder ihnen den Ball aus der Hand zu schlagen. Wenn es dem Spieler in der Mitte gelingt, sich den Ball zu schnappen, muss derjenige in die Mitte, der nicht gefangen oder schlecht geworfen hat.

RI-RA-RODELSPASS

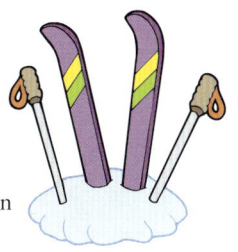

*Das braucht ihr: Winterkleidung und Hand-
schuhe, verschiedene Schlitten*

Juhuu, es liegt Schnee! Endlich könnt ihr zusammen
rodeln gehen!

Nach dem langen Sommerschlaf muss der Schlitten auf das Abenteuer vorbereitet werden, denn nur glatte Kufen gleiten gut. Dreht ihn deshalb auf
den Rücken und seht nach, ob es rostige Stellen gibt, die ihr erst mit feinem
Schmirgelpapier entfernen müsst. Anschließend reibt ihr die Kufen tüchtig
mit einer Speckschwarte ein. Das flutscht!

Ein paar Probeabfahrten auf eurem Lieblingsberg – und schon seid ihr wieder genauso geschickt und schnell wie im letzten Winter! Vielleicht habt ihr
Glück und Papa zieht euch auf den Gipfel hoch, nachdem ihr unten ange-
kommen seid. Ihr geht aus Gründen der Sicherheit aber bitte immer neben
der Piste wieder bergauf, damit es nicht zu Un-
fällen kommt. Die Rodelbahn muss frei bleiben!

Abwechslung macht Spaß! Schaut mal, ob ihr den
Schlitten im Liegen steuern könnt oder ob die
Abfahrt klappt, wenn ihr zu zweit darauf sitzt.
Auch mit anderen Fahrzeugen kommt man einen
Berg hinunter. Es gibt bunte leichte Plastikteller
zum Rutschen, die gerade so groß sind, dass euer
Hinterteil Platz darauf findet. Dafür kann man
damit aber ganz schön flott fahren! Auch auf ei-
nem stabilen Müllsack lässt es sich den Hang hin-
unterrutschen. Das solltet ihr aber nur an einem Hügel probieren, der nicht
sehr steil ist und auf dem wenige Leute sind. Dort könnt ihr auch in einer
Schlange fahren. Dazu bindet ihr mehrere Schlitten aneinander und saust los.

Beim Rodeln müsst ihr immer damit rechnen, dass ihr vom Schlitten fallt
und im Schnee landet! Seid ihr aber warm angezogen und somit gut gepols-
tert, ist das kein Problem, oder?

LUMPENFUSSBALLTURNIER

Das braucht ihr: *alte Kleidung oder Wäsche, Paketschnur*

Kinder auf der ganzen Welt lieben es, Fußball zu spielen. Überall eifern sie ihren großen Vorbildern nach und hoffen, selbst einmal als neuer Pelé oder Ronaldo entdeckt zu werden. In vielen Ländern sind die Eltern aber zu arm, um ihrem Nachwuchs echte Fußbälle aus Leder zu kaufen. Not macht erfinderisch! Und so ist eine eigene Spielart entstanden: der Lumpenfußball! Wollt ihr auch einmal wie die Kinder der Dritten Welt Fußball spielen? Dann los!

Ihr braucht dazu alte Kleidung, die nicht mehr getragen wird. Abgelegte Putzlappen, die ihr in Streifen schneidet, eignen sich ebenso. Drückt die Lumpen zu einem Knäuel zusammen und umwickelt es fest mit der Paketschnur. Mit weiteren Stofffetzen wächst das Rund auf den Umfang an, den auch ein richtiger Fußball hat. Wichtig ist, dass das Bündel mit der Schnur ganz straff gebunden wird, denn sonst kann das fertige Exemplar nicht wirklich rollen.

Natürlich ist das Spielfeld kleiner als im Stadion. Malt auf der Straße oder auf einem Sandplatz ein Fußballfeld auf. Mit Steinen oder Stöcken werden die beiden Tore gekennzeichnet. Bildet aus den Leuten, die mitmachen wollen, zwei Mannschaften. Bleibt einer übrig, wird er zum Schiedsrichter ernannt. Jetzt legt ihr eine Spielzeit fest, dann geht es los!

Mit einem Lumpenfußball spielt es sich zuerst vielleicht ein wenig anders als mit einem Lederball, aber ihr stellt euch sicher schnell darauf ein.

Am Ende zählt nur das, was auch bei der Nationalelf wichtig ist: Wer hat die meisten Tore geschossen?

PICKNICK-BOOTSFAHRT

Das braucht ihr: Boot, Angel, gefüllten Picknickkorb

Gemütlich wie bei einem Spaziergang gleitet das Boot über das Wasser. Es ist Zeit, Dinge zu entdecken und in Ruhe zu betrachten. Stress und Hektik fallen von einem ab, es entstehen Gelegenheiten für Gespräche und Augenblicke großer Nähe zwischen Vater und Sohn.

Um eine Bootstour zu unternehmen, müsst ihr nicht unbedingt auf dem Land wohnen. Dort gibt es zwar auf ruhigen Flüssen und Seen ausreichend Gelegenheit dafür, aber auch in Großstädten wie Berlin, Hamburg oder München könnt ihr ein Ruderboot mieten, um mitten in der Stadt durch Kanäle oder über Seen zu fahren und den Tag zu genießen.

Für ungeübte Landratten kann das Rudern etwas anstrengend sein. Für den Anfang plant ihr deshalb besser nur kleinere Strecken ein. Es ist z. B. herrlich, mit einem Ruderboot am frühen Morgen auf einen See zu fahren, um dort zu angeln. Hängt eure Angel ins Wasser und macht es euch im Boot bequem. Ist ein heißer Tag vorhergesagt, müsst ihr unbedingt Sonnencreme, eine Kopfbedeckung und ausreichend Getränke mitnehmen. Frische Luft macht hungrig! Ein gut gefüllter Picknickkorb schafft da Abhilfe. Die Zeit, in der ihr auf das Anbeißen eines Fisches wartet, vergeht schnell, wenn ihr leise Geschichten erzählt, Ratespiele macht oder einfach mal Männergespräche führt. Wird euch zu heiß und ist das Gewässer dafür geeignet, könnt ihr zur Abwechslung eine Runde schwimmen gehen.

Selbst wenn ihr an diesem Abend ohne einen Fisch heimfahren solltet, ist es sicherlich trotzdem ein schöner und lustiger Tag für euch gewesen. Genau genommen sind beim Angeln das Naturerlebnis und die entspannende Stille mindestens so wichtig wie die Chance, dass etwas anbeißt.

BIERTISCHSPIELE

Das braucht ihr: viele Bierdeckel

Verbindet ihr Biertischspiele mit bayerischer Blasmusik und Lederhosen? Stimmt, Bayern ist deren Ursprungs-land! Aber diese Spiele sind so lustig, dass sie überall auch ohne Bier für Gaudi sorgen. Lasst euch überra-schen und probiert sie einfach einmal aus!

Es geht los mit dem Fingerhakeln. Setzt euch dafür gegenüber an einen Tisch. Das Möbelstück sollte nicht zu breit sein, damit ihr auch bequem sitzen könnt. Jetzt hakt jeder einen seiner Zeigefinger in den seines Partners. Dabei nehmt ihr die Hand, in der ihr die meiste Kraft habt. Das heißt, dass Rechtshänder mit dem rechten Zeigefinger hakeln. Auf die Plätze, fertig, los! Auf dieses Kommando hin zieht ihr gleichzeitig. Jeder versucht den anderen nur mit der Kraft des Fingers über den Tisch auf seine eigene Seite zu ziehen. Steht der Partner von seinem Platz auf, hat er verloren.

Vielleicht hat der Verlierer beim Armdrücken mehr Erfolg. Setzt euch für diesen Wettkampf wieder gegenüber, legt den Ellenbo-gen eures starken Armes auf den Tisch und winkelt den Arm an. Dieses Mal verschränkt ihr nicht die Finger, sondern die ganze Hand mitei-nander. Nach einem Startkommando versucht ihr, den Arm des Gegenübers durch eure Muskelkraft auf die Tischplatte zu drücken. Dabei müssen die Ellenbogen die ganze Zeit auf dem Tisch aufgestützt bleiben! Liegt der Handrücken eures Gegners auf dem Tisch, hat derjenige leider verloren. Be-stimmt fordert er Revanche und es geht von vorn los!

Beim Bierdeckelfangen kommt es nicht auf Kraft, sondern auf eure Ge-schicklichkeit und Schnelligkeit an. Fangt mit einem einzelnen Bierdeckel an. Diesen legt ihr so auf die Tischkante, dass er halb darüber hi-nausragt. Jetzt müsst ihr schnell sein! Schlagt mit den Fingerspitzen der ausgestreckten Hand von unten fest gegen den Pappunter-setzer. Durch den Schwung wird er hochgeschleudert und dreht sich da-

bei. Greift ihn flink
aus der Luft. Nur Mut! Bei den ersten Versuchen wird der Bierdeckel sicher irgendwo auf dem Boden landen. Aber wenn ihr
den Trick ein paarmal übt, wird es euch gelingen.
Dann traut ihr euch auch an die nächste, schwieri-
gere Aufgabe heran. Jetzt nehmt ihr zwei oder drei
Deckel, die ihr übereinanderlegt, und schleudert
sie hoch. Der Kniff dabei ist, dass ihr mit Schwung,
aber kontrolliert schlagen müsst.

Da geht es beim Turmbau mit Bierdeckeln ruhiger zu. Das funktioniert genauso gut wie
mit Spielkarten. Es müssen natürlich eckige
Bierdeckel sein! Lehnt immer zwei Pappen wie ein
Zelt aneinander. Dann baut ihr ein zweites solches Zelt. Über zwei so
entstehende Kanten legt ihr wieder einen Deckel, auf den das nächste
Häuschen gestellt wird. Wieder ist Geschicklichkeit und dieses Mal
auch eine ruhige Hand gefragt. Deshalb solltet ihr euch
nicht direkt nach dem Armdrücken oder
Fingerhakeln an den Turmbau wagen,
wenn die Finger von der Anstrengung
noch zittern.

Na, hattet ihr Spaß mit den lustigen
bayrischen Spielideen? Dann probiert
sie doch auch einmal mit euren Freunden
aus! Los geht's, Jungs! Oder wie es in Bayern
heißt: Auf geht's, Buam!

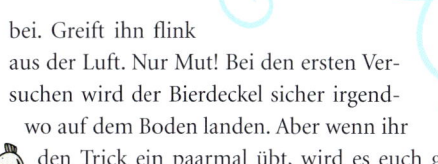

Das braucht ihr: Strick, 2 etwa gleich große Bälle, 2 Esslöffel, 2 harte Eier oder kleine Bälle, 2 feste Müllsäcke

Sich mit Papa zu messen, macht jedem Sohn Spaß! Ohne großen Aufwand könnt ihr im Freien eure Geschicklichkeit im Wettkampf testen oder als Team sportliche Aufgaben lösen.

Sackhüpfen

Nehmt einen festen Müllsack und stellt euch hinein. Jetzt fasst jeder den Rand seines Beutels und hüpft vorwärts. Wer erreicht das Ziel zuerst? Bestimmt habt ihr noch eigene Ideen für weitere Varianten. Nur zu!

Flugzeug

Papa legt sich auf den Rücken und streckt seine Beine im rechten Winkel hoch. Sohnemann legt oder setzt sich auf die Fußsohlen und hält mit ausgestreckten Armen das Gleichgewicht. Mit ein bisschen Üben gelingt das bestimmt!

Dreibeinlauf

Papa und Sohn stehen Seite an Seite. Bindet die Beine, die direkt nebeneinander sind, an den Knien zusammen. Jetzt legt ihr beide möglichst schnell eine festgelegte Strecke zurück. Und immer schön eure Bewegungen absprechen, sonst klappt das nicht!

Dopsball

Jeder von euch klemmt sich einen Ball zwischen seine Knie. Damit lauft oder hüpft ihr eine abgesprochene Strecke um die Wette, ohne dass der Ball herunterfallen darf.

Schubkarre

Der Sohn geht auf die Knie und stützt sich auf den Händen ab. Papa stellt sich hinter ihn und packt seine Beine an den Oberschenkeln. Jetzt muss der Sohn als Schubkarre eine bestimmte Strecke auf den Händen laufen. Schafft ihr es auch, wenn ihr tauscht?

Eierlauf

Jeder legt ein hart gekochtes Ei oder einen kleinen Ball auf einen Esslöffel. Lauft um die Wette, ohne dass eure Fracht herunterfällt.

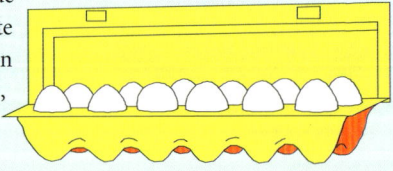

DAS BRAUCHT IHR

Acrylfarben
Akkuschrauber
Alufolie

Backpapier
Bastelfilz
Bilderhaken
Bindfaden
Bleistift
Blumendraht
Bohrmaschine
Bretter
Buntstifte

Computer
Cutter

Dosen
Drachenschnur
Drucker
Dübel

Faden
Farben
Filzstifte
Fotoapparat
Fotopapier

Garn
Gartenschere
Geschenkband
Gießkanne
Gipsbinden
Glasflaschen
Glitzer
Gummibänder
Gummistiefel

Hammer
Handbohrer

Holzkugeln
Holzlack
Holzleim
Holzschrauben

Isomatte

Joghurtbecher

Kaffeefilter
Kanthölzer
Klarlack
Klebefilm
Klebstoff
Kleister
Klopapier
Knete
Kochlöffel
Kochtopf
Kompass
Kordel
Korken
Kreide

Landkarte
Laubsäge
Lebensmittel-
    farben
Leisten
Lineal
Löschpapier
Luftballons
Luftpumpe
Lupe

Maßband
Messer
Metermaß
Muttern
Mütze

Nägel
Nähnadel
Notizbuch

Paketschnur
Papier
Pappe
Pergamentpapier
Perlen
Permanent-
    Marker
Pinsel
Plane
Plastikdose
Plastikflasche
Plastiktüten
Pralinen-
    schachteln
Prospekthüllen
Putzlappen

Regenhose
Regenjacke
Reis
Rinde
Rucksack

Säge
Schal
Schaschlik-
    Spieße
Schaufel
Schere
Schmirgelpapier
Schnur
Schnürsenkel
Schrauben
Schrauben-
    schlüssel
Schraubhaken

Schwamm
Seife
Seile
Sperrholzplatten
Spritzbeutel
Spülmittel-
    flaschen
Stadtplan
Steine
Stoffreste
Stoppuhr
Strickleiter
Strohhalme

Tacker
Tapetenkleister
Taschenlampe
Textilfarbe
Thermoskanne®
Transparent-
    papier

Vaseline
Verpackungs-
    band

Wachstuch
Wäsche-
    klammern
Wäscheleine
Wasserwaage
Winkelmesser
Wolle

Zahnstocher
Zapfen
Zeitschriften
Zeitungen
Zellophanpapier
Zwirn

BILDNACHWEIS